JN075051

本書の特長

　保育者の皆様は、4月の入園から3月の卒園まで、常にさまざまな行事に追われていることと思います。一方、乳幼児期の子どもたちにとって、それぞれの行事は、小さな節目としてとても心に残る経験になり、成長の糧になる、とても大事なものです。

　本書では、4月から3月までの1年間の中で、園で行われる各行事をテーマに、工作、ゲームあそび、ふれあいあそび、うたあそび他、多岐にわたり、子どもたちが楽しめるような、さまざまなあそびを紹介しています。しかも、どのあそびも手間がかからず、簡単にできるものばかりです。さらに、誌面ではイラストをふんだんに使って紹介し、パッと見てわかるような内容になっています。

　この1冊があれば、年間行事のあそびに困ることはありません。バリエーション豊富で、子どもたちが夢中になれるような行事のあそびを、ぜひ保育現場でお役立てください。

年間行事に合わせて 保育の 使える あそびネタ集

CONTENTS

4月 入園

せんせいとおともだち

内容　入園のこの時期に、先生と親しくなれるように、ふりつけをしながら楽しく歌います。

せんせいとおともだち　作詞：吉岡 治／作曲：越部信義

1.～3. せん せ い と　おと も だ ち　せん せ い と　おと も だ ち

あ　　く しゅ を つ こ　し し よ う う　ギュッ ギュッ ギュッ
あ　　い さ め っ　し よ う　お は よう
に　　ら　　　　　　　　し　　　　　メッ メッ メッ

あそびかた

1 ♪せんせいと

ひじを曲げて両手を交互にゆらします。

2 ♪おともだち

顔の横で両手を3回ふります。

<**1** **2** 2回くりかえし>

3 ♪あくしゅをしよう

8回手拍子をします。

※ 2番 「♪あいさつ しよう」、
　 3番 「♪にらめっこ しよう」
　 も同じ動きです。

4月

1番

4 ♪ギュッギュッギュッ

両手を握って3回ふります。

2番

5 ♪おはよう

両手を口の左右にあてて3回動かします。

3番

6 ♪メッメッメッ

両手の人さし指を左右の目の横に
あてて3回軽く引っぱります。

4月

入園

あたまであくしゅ

内容 ふたり組になって、頭やおしり、足の裏などいろいろなところをくっつけて歩きます。

🎼 あたまであくしゅ　作詞：福尾野歩／作曲：中川ひろたか

1.～4. は　じめまして　　ごきげんいかが

おあ　てで　ででで　ああくあ　くしゅしゅしゅ　ををををを

あし　のう　てまら　ああまで　くあ　しゅしゅ　ををを

ギュッ　ギュッ　ギュッ　　ちょっ　とそこまで　　あるきませんか

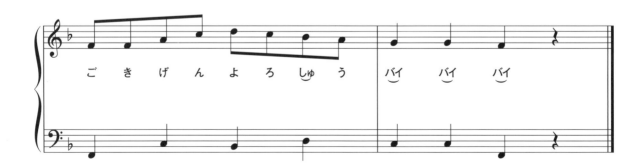

ご　き　げ　ん　よ　ろ　しゅう　　バイ　バイ　バイ

あそびかた

1番

1 ♪ はじめまして

ふたり組になって向かい合い、お辞儀をします。

2 ♪ ごきげんいかが

両手で相手の肩をたたき合います。

3 ♪ おててで あくしゅを ギュッギュッギュッ

両手を握り合います。

4 ♪ ちょっと そこまで あるきませんか

両手を握ったまま横に歩きます。

5 ♪ ごきげんよろしゅう バイバイバイ

手をふって別の相手を探しに行きます。

※ **2番** 以降は、別の相手とまた ふたり組になって、**1 2 5** は 同様に動きます。また、**3 4** の 部分は下記のように動きます。

2番 ♪ あたまで あくしゅを〜

頭をつけて、そのまま歩きます。

3番 ♪ おしりで あくしゅを〜

おしりをつけて、そのまま歩きます。

4番 ♪ あしのうらで あくしゅを〜

足の裏をつけて、そのまま片足 ケンケンで歩きます。

4月

4月 入園

ごちゃごちゃ

内容 入園間もない時期に、友だちの名前を覚えるあそびです。

♪ ごちゃごちゃ　作詞／作曲：不詳

ご　ちゃご　ちゃ　　ご　ちゃご　ちゃ

○　ちゃんの　となりに　だれがい　る

○　ちゃんの　となりにいるのは　だれとだ　れ？

あそびかた　★はじめる前に、子どもたちは輪になって手をつなぎます。

1 ♪ごちゃごちゃ ごちゃごちゃ

手をつないだまま、その場で8回足踏みします。

2 ♪○ちゃんの となりに

ひろくんの
となりに…

手を放して、その場で1回まわります。○ちゃんのところは、保育者が子どもの名前を呼びます。

3 ♪だれがいる

呼ばれた子ども以外は、しゃがみます。

4 ♪○ちゃんの となりにいるのは
だれとだれ？

ひろくんの
となりに
いるのは？

だれと
だれ？

保育者が聞いた後、立っている子どもの両どなりの子どもが立ち上がります。

★その後は、保育者が立っている3人のところへ行き、「○ちゃんのとなりにいるのは、□ちゃんと△ちゃんでした」と言って、後ろから子どもの両肩に触れながら、名前を言います。

ひろくんの
となりに
いるのは

しょうくん
と
みかちゃん
でした！

4月

4月

入園

握手ゲーム

内容 子どもたち同志が、触れ合いながら仲よくなれるゲームです。

あそびかた

子どもたちは輪になっていすに座ります。保育者が子どもの名前を呼んだら、他の子どもたちは、その子どものところへ行き、握手をして元の席に戻ります。

Advice

できれば保育者は、全員の名前を呼びましょう。もし人数が多く、それが難しい場合は、おとなしい子どもや、元気のない子どもの名前を呼んであげましょう。

こどもの日

こいのぼりであそぼう

内容 こいのぼりをつくって、歌を歌い、ゲームであそんで、子どもの日に興味を持ってもらいます。

～つくりかた～

準備するもの 画用紙、色画用紙、折り紙、木の棒、新聞紙、絵の具、小皿、ビニールテープ、セロハンテープ、はさみ

1 色画用紙ののりしろ部分2cmと残りの部分を半分に折り、のりしろ部分を貼ります。

2 しっぽの部分を絵のように切り、切った三角を背と腹に貼ります。

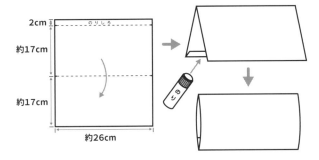

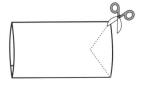

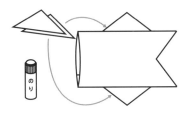

3 画用紙や折り紙で目をつくって貼り、こいのぼりの体の部分には、絵の具などで子どもの手形をつけます。

4 右図のように40～50cmの木の棒の先に新聞紙を丸めて、ビニールテープで巻きつけます。**3**のこいのぼりをセロハンテープで木の棒に貼りつけます。

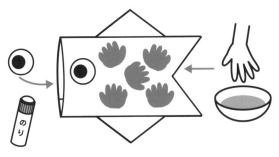

できあがり！

あそび ① P.11 でつくったこいのぼりをゆらしながら、「♪こいのぼり」の歌を歌います。

🎼 **こいのぼり** 作詞：近藤宮子／作曲：不詳

やねより たかい こいの ぼーり

おおき い まごい は おとう さ ん

ちいさい ひごい は こども たー ち

おもしろ そうに およいで る

あそび ② こいのぼりを掲げてゲームをします。

1 何チームかに分かれ、スタートラインから離れたところにいすを置いておきます。
各チームでひとつ、つくったこいのぼりを用意します。

2 保育者の笛の合図で、こいのぼりを掲げながら走っていすをまわり、戻ったら次の子どもに
こいのぼりを渡してバトンタッチします。

3 先に全員がゴールしたチームの勝ちです。

5
月

5月

母の日のレターケース

内容 折り紙でカーネーションを折り、お母さんにプレゼントするレターケースをつくります。

つくりかた

準備するもの 折り紙、色画用紙、リボン、クレヨン・ペンなど、のり、はさみ、穴あけパンチ

❶ 下記のように折り紙を折って、カーネーションをふたつつくります。

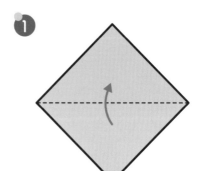

③ 中を開くように折ります。

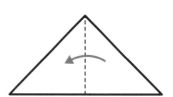

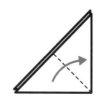

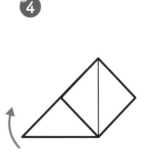

④ 裏も同じように折ります。

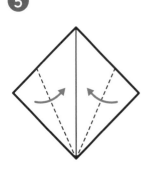

⑤ 左右の角を折ります。

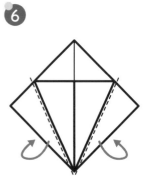

⑥ 裏も同じように折ります。

⑦ 上をギザギザに切ります。

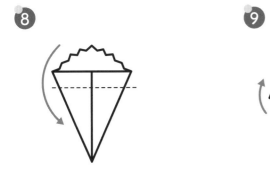

⑧	⑨	⑩
点線で折り下げます。	開くように折り上げます。	できあがり！

2 色画用紙をタテに置き、下14cmくらいを折り、左右ののりしろ部分にのりをつけて貼り、袋状にします。

3 **2**の下の左右に**1**のカーネーションを貼り、葉を描きます。

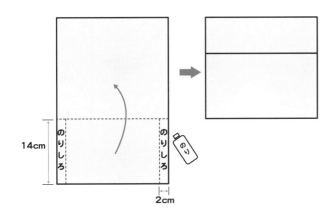

14cm

2cm

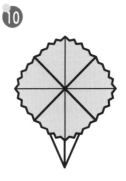

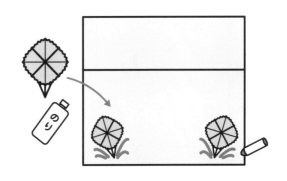

4 カーネーションの間にお母さんの似顔絵を描き、「おかあさんへ」などの文字を書きます。

5 上の部分に穴あけパンチで穴をあけ、リボンを通して結びます。

5月

飛び出すカード

内容 お母さんの似顔絵が飛び出す楽しいカードです。

つくりかた

準備するもの 色画用紙（色の薄いもの）、折り紙、はさみ、クレヨン・ペンなど、のり

1 保育者はあらかじめ下記のサイズの色画用紙を半分に折り、切り線を書いておきます。

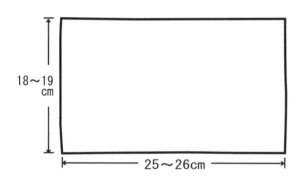

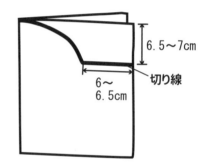

18〜19cm ／ 25〜26cm

6.5〜7cm ／ 切り線 ／ 6〜6.5cm

2 2つに折ったまま、切り線の部分をはさみで切ります。

3 半円の部分を、内側にななめに折り込みます。

折り込む

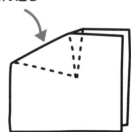

4 開いて、円の部分にクレヨンやペンでお母さん
の似顔絵を描きます。

5 空いてるスペースに「おかあさんありがとう」
などの文字を書きます。

6 文字のまわりに、折り紙を切ってつくった花や葉の形を貼ったり、好きな絵を描きます。

できあがり!

文字は、子どもが書けない場合は、保育者が書いてあげましょう。

5月

交通安全週間 ▶年2回、春と秋に各10日ずつ行われます。

右見てハイ！

内容 横断歩道を渡るときのルールを、歌とふりつけで楽しく覚えます。

🎼 **右見てハイ！** 作詞／作曲：多志賀 明

みぎみ て ハイ　ひだりみ てハイ　も いちど みぎみて

た しか めて　それ から わ たろう　お うだんほ ど

う　ふ ざけ て ある くの　と って もき けん

Fine

きゅう な と びだし　な おき け ん

D.C.

-18-

あそびかた

1 ♪みぎみて ハイ

右を見て「♪ハイ」で
右手を元気に上に上げます。

2 ♪ひだりみて ハイ

左を見て「♪ハイ」で
左手を元気に上に上げます。

3 ♪もいちど みぎみて
たしかめて

右手を上に上げ、右方向を
確認するように見ます。

4 ♪それから わたろう
おうだんほどう

右手を上げたまま足踏みします。

5 ♪ふざけて あるくの
とってもきけん

足踏みしながら自分のまわりを
ひとまわりします。

6 ♪きゅうな とびだし
なおきけん

足踏みしながら反対にまわります。

7 ♪みぎみて ハイ ひだりみて ハイ … それから わたろう おうだんほどう

1〜**4**と同じ動きです。

5月

5月

交通安全ごっこ

内容 段ボールでつくった信号機や車を使って、交通安全のルールを楽しく覚えます。

信号機の
つくりかた

準備するもの 段ボール、ステンドカラー、黒い画用紙、棒、カッター、セロハンテープ

★信号機は保育者がつくります。

1 段ボールを下記のサイズに切り、カッターで直径10cmの円を3つ切り抜きます。

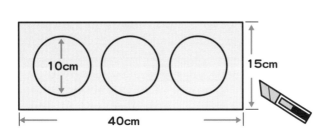

2 1の段ボールを裏がえして、円の穴の部分に赤、黄、緑色のステンドカラーを貼ります。

赤　　黄　　緑

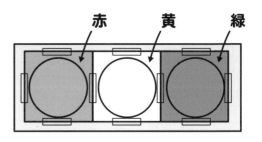

3 2の上に黒い色画用紙を重ね、左右と下の部分だけセロハンテープで貼ります。

上の部分は貼りません。

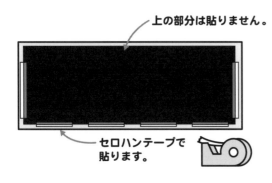

セロハンテープで貼ります。

4 信号機を表にして、左側に棒をつけます。

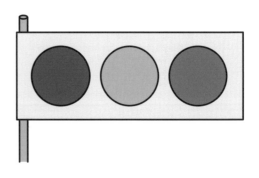

車の つくりかた

準備するもの 大きめの段ボール、画用紙、カッター、クレヨン・ペンなど

1 大きめの段ボールを車の形に切り、窓の部分を切り抜きます。これをいくつかつくります。

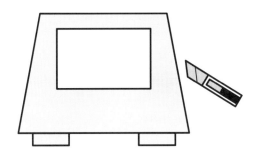

2 みんなで車に好きな模様を描きます。

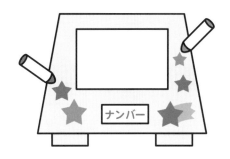

ナンバー

あそびかた

1 信号機の穴の大きさに合わせた白い画用紙をさし込むと、その色が浮き上がります。

2 床や庭に横断歩道や道を描きます。

3 保育者は横断歩道の横で信号機を持って立ち、白い画用紙を動かして信号の色を変えます。

4 子どもたちは歩行者になったり車を持って運転手になり、信号の色に合わせて進んだり止まったりします。

5月

リズムでタッチ！

内容　遠足のバスの中で、みんなで「♪チューリップ」を歌いながら、となりの人とタッチするあそびです。

チューリップ　作詞：近藤宮子／作曲：井上武士

さ　い　た　　さ　い　た　　チューリップ　の　　は　な　が

な　ら　ん　だ　　な　ら　ん　だ　　あ　か　し　ろ　　き　い　ろ

ど　の　は　な　　み　て　も　　き　れ　い　だ　　な

あそびかた

1 みんなで「♪チューリップ」の歌を歌いながら、各小節の4拍目（♪を1拍と数えます）の部分で、となりの人と片手を顔の横で合わせます。P.22の楽譜中の 🖐 の部分です。

さいたー　さいたー　　　　　ポン

パンパンパン

2 慣れてきたら、右手はパー、左手はグーにして、🖐 の部分でとなりの人と手を合わせます。つまり、左手を左どなりの人の右手のひらの上に乗せ、右手のひらの上には、右どなりの人の左手が乗ります。

チューリップ　　　　の

グー

パー

あそびの発展

慣れてきたら、タッチする場所を肩やひざなど、いろいろ替えてやってみましょう。

5月

バスごっこ

内容　ふたりずついすを並べて座り、バスに乗ってお出かけする気分を楽しんだり、「♪バスごっこ」の歌あそびを楽しんだりします。

あそび ①　バスごっこをして、バスに乗ってお出かけする気分を楽しみます。

1 ふたりずついすを並べて座り、保育者は先頭になって運転手役になります。

2 運転手役の保育者は、行き先を告げたり、「右に曲がりま〜す」「左に曲がりま〜す」「赤信号で止まります」「踏み切りです」「次、止まります」などと言って演出し、バスに乗っている気分を盛り上げます。

右に曲がりま〜す♪

まがりまーす！

★「急ブレーキです！」と言って、急ブレーキを踏む真似をしてもおもしろいでしょう。

★ はじめるときに、保育者が「今日はバスに乗って、どこまで行こうか？」と問いかけて、子どもたちに行きたい場所を考えさせると、バスごっこがより楽しくなります。

あそび ② 　バスのようにふたりずついすを並べて座り、「♪バスごっこ」の歌あそびをします。

🎵 バスごっこ　作詞：香山美子／作曲：湯山 昭

1.～3.おおがたバス　に　のっ　てます

きっ ぷ を じゅん　に
いろん な と こ が
だん だん みち が

わ た し て ね
み え る の で
わ る い の で

お と な り へ　ハイ　アド ン
よ こ む い た
ごっ つん こ

お と な り へ　ハイ　アド ン
う え む い た
ごっ つん こ

お と な り へ　ハイ　アド ン
し た む い た
ごっ つん こ

お と な り へ　ハイ　アド ン
うしろ む い た
ごっ つん こ

お わ り ろ の
う し く ら
お し

ひ と は
ひ と は
ま ん じゅう

ポ ケ ッ ト
ねー むっ
ギュッ ギュッ

に！
た！
ギュッ！

5月

※「あそびかた」は次ページに→

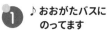

② の あそびかた

1 ♪おおがたバスに のってます 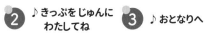 **1番**

ハンドルを握って
動かす真似をします。

2 ♪きっぷを じゅんに わたしてね

8回手拍子をします。

3 ♪おとなりへ

両手で両ひざを
3回たたきます。

4 ♪ハイ

となりの人のひざを
1回たたきます。

3 4
4回くりかえし

---

5 ♪おわりの ひとは

8回手拍子をした後、
2回首をたてにふります。

6 ♪ポケットに!

ポケットに切符をしまう
真似をします。

2番

7 ♪いろんな とこが みえるので

2 と同じ動きです。

8 ♪よこむいた

横を向きます。

---

9 ♪ア

両手を開き、びっくり
したように口を開けます。

10 ♪うえむいた

上を向きます。

11 ♪ア

9 と同じ動きです。

12 ♪したむいた

下を向きます。

13 ♪ア

9 と同じ動きです。

---

14 ♪うしろむいた

後ろを向きます。

15 ♪ア

9 と同じ動きです。

16 ♪うしろの ひとは

5 と同じ動きです。

17 ♪ねむった!

寝る真似をします。

3番

18 ♪だんだん みちが わるいので

2 と同じ動きです。

---

19 ♪ごっつんこ

首を左右にふります。

20 ♪ドン

ひじをはって、となりの
人とぶつかります。

19 20
4回くりかえし

21 ♪おしくらまんじゅう

5 と同じ動きです。

22 ♪ギュッギュッギュッ!

ひじをはって、体を左右
に大きく動かします。

6月

虫歯予防デー ▶6月4日が「予防デー」で、そこから1週間は「歯と口の健康週間」です。

歯みがきしよう!

内容 ペープサートを通して歯みがきの大切さを知り、「♪みんなで歯みがき」の歌あそびを楽しみます。

あそび ① まずは、ペープサートで虫歯について教えます。

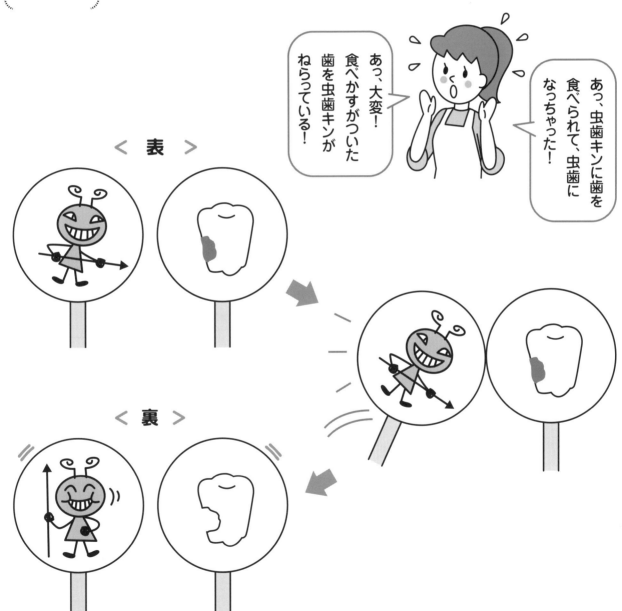

あっ、大変!食べかすがついた歯を虫歯キンがねらっている!

あっ、虫歯キンに歯を食べられて、虫歯になっちゃった!

< 表 >

< 裏 >

5月
6月

あそび ② 「♪みんなで歯みがき」の歌あそびをします。

🎼 みんなで歯みがき　作詞／作曲：井上明美

②の
あそびかた

1番 ❶ ♪カバさんの はみがきは

右手を上げて開いたり閉じたりして、カバの口を表します。

❷ ♪ゴシゴシ ゴシゴシ

右手を左右に動かして、歯みがきの真似をします。

❸ ♪ゴシゴシ ゴシ ゴシ
　ゴシゴシみがいて

と同じ動きです。

❹ ♪ガラガラ ペーッして

うがいをする真似をします。

❺ ♪きもちいいね

両手をほおにあて、うれしい顔をします。

2番 ♪ヤギさんの はみがきは

人さし指でヤギの角をつくって、
左右にゆれます。

3番 ♪ねこさんの はみがきは

両手の3本の指でねこのひげを
つくって、左右にゆれます

4番 ♪リスさんの はみがきは

右手を体の後ろで左右にふって、
リスのしっぽを表します。

2番 「♪ ギュッギュッギュッギュッ・・・」
3番 「♪ キュッキュッキュッキュッ・・・」
4番 「♪ シュッシュッシュッシュッ・・・」以降は、1番と同じ動きです。

いろいろな動物に替えてやってみましょう。
また、食後の歯みがきの前に歌って、歯みがきを楽しいものにしましょう。

6月

ティッシュケースの動物歯みがき

内容 ティッシュケースで動物の歯をつくり、歯みがきの擬似体験をします。

つくりかた

準備するもの ティッシュケース、画用紙、色画用紙、折り紙、割りばし、
紙テープ、シール、のり、はさみ、クレヨン・ペンなど

1 画用紙を1辺3cm〜4cmくらいの大きさにいくつも切り、動物の歯に見立てて、ティッシュケース
の取り出し口に内側から貼ります。取り出し口についているビニールはあらかじめ取っておきます。

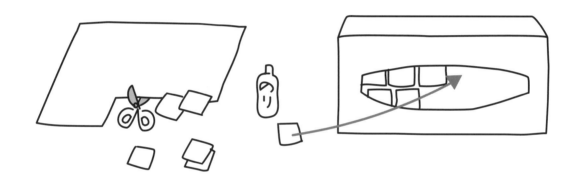

2 色画用紙や折り紙を切って、目や耳、ひげをつくったり、クレヨンやペンなどで描いて、好きな動物の
顔をつくります。

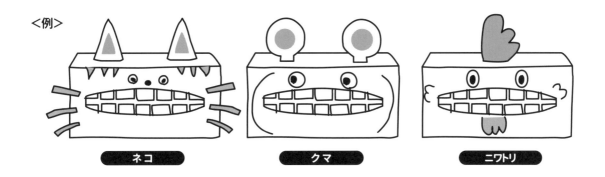

<例>

ネコ　　　　　クマ　　　　　ニワトリ

③ 1辺5cm〜6cmくらいの大きさに切った折り紙を2枚重ねて半分に折り、割りばしの間にはさんで、のりでとめます。

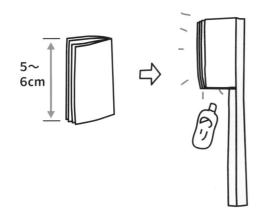

5〜6cm

④ はさみで細かく切り線を入れ、ブラシのようにします。

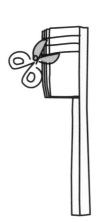

6月

⑤ 割りばしに紙テープを巻いてのりでとめ、上から自由にシールを貼ります。

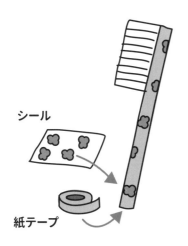

シール

紙テープ

あそびかた

歯ブラシを動かして、歯をみがく真似をします。

6月

時の記念日 ▶毎年6月10日に設定されいてます。

とけいのうた

内容 ふたり一組になって、「♪とけいのうた」の歌あそびを楽しみます。

とけいのうた 作詞：筒井敬介／作曲：村上太朗

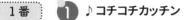 あそびかた　★ふたり一組になり、向かい合います。

1番

① ♪ コチコチカッチン

両手を出して左右にふります。

② ♪ おとけいさん

3回両手をたたき合います。

③ ♪ コチコチカッチン
　　うごいてる

①②と同じ動きです。

④ ♪ こどもの はりと

頭の上で両手を合わせてしゃがみます。

⑤ ♪ おとなの はりと

④のまま立ちます。

⑥ ♪ こんにちは

おじぎをします。

⑦ ♪ さようなら

両手をふります。

⑧ ♪ コチコチカッチン

①と同じ動きです。

⑨ ♪ さようなら

⑦と同じ動きです。

2番

⑩ ♪ こどもが ピョコリ

④のポーズでジャンプします。

⑪ ♪ おとなが ピョコリ

⑤のポーズでジャンプします。

⑩、⑪以外の歌詞の部分は、
1番と同じ動きです。

6月

6月

オリジナル時計

内容 背面にオリジナルの模様をつけて、世界でひとつだけの時計をつくります。

つくりかた

準備するもの かけ時計（100円ショップなどで売っているもの）、色画用紙、色板・折り紙など、ビーズ、えんぴつ、はさみ、ボンド・のりなど

1 時計の上のプラスチックと針をはずし、内側の大きさに合わせて色画用紙を切ります。中心に印をつけ、直径に線を引いておきます。

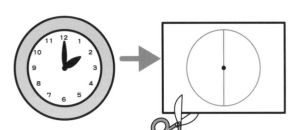

2 **1**で切り取った色画用紙に、えんぴつで好きな模様を描き、細かくした色板や折り紙などをボンドやのりで貼ります。

3 **2**でつくった色画用紙の半径部分に切り込みを入れ、時計の内側にはめ込みます。

切り込み

4 12時、3時、6時、9時を示す4ヶ所にビーズを貼り、**1**ではずした針とプラスチックをはめて、できあがりです。

ビーズ

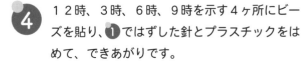

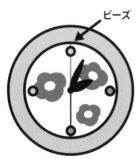

★ 作品展などの作品として、みんなの作品を壁に飾ると豪華です。

★ いろいろな色の色画用紙を使うと、飾ったときにきれいです。

6月

父の日 ▶毎年6月の第3日曜日に設定されています。

父の日フレーム

内容 お父さんの似顔絵を描いて、オリジナルフレームに飾ります。

つくりかた

準備するもの 紙ねんど、画用紙、カラー段ボール紙、絵の具、筆、
パレット・小皿など、クレヨン・ペンなど、ボンド・のりなど、定規

1 紙ねんどを細長くのばしてフレームをつくります。

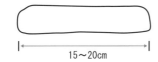
15〜20cm

2 ねんどが軟らかいうちに定規で切り込みを入れます。

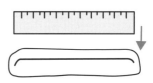

3 紙ねんどが固まったら、絵の具で好きな絵や模様を描きます。

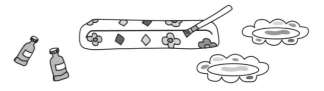

4 $\frac{1}{4}$ の大きさに切った画用紙にお父さんの似顔絵を描きます。画用紙より、ひとまわり大きいカラー段ボール紙のまん中に貼りつけます。

5 **3** のフレームに **4** をはめ込みます。

できあがり！

-35-

プール・水あそび

浮き輪おに

内容 浮き輪につかまっている間はつかまらない、おにごっこです。

あそびかた

1 プールにいくつか浮き輪を浮かべておきます。

2 おにをひとり決め、おにごっこをします。逃げる人は、おにが近づいてきたら浮き輪につかまります。浮き輪につかまっている間は、おにはつかまえることができません。

③ おには、浮き輪の近くで5秒数えます。数えている間は、おにはつかまえることができません。
浮き輪につかまっている人は、おにが5秒数え終わるまでに浮き輪から離れて逃げます。

④ おににタッチされたらアウトで、おにを交代します。

★ おににつかまったら、その人もおにになり、次々おにが増えていくというルールにしてもいいでしょう。
その場合、最後までつかまらなかった人がチャンピオンです。

★ 事故のないように、くれぐれも安全に配慮して行いましょう。

プール・水あそび

水運びリレー

内容 コップに入った水をこぼさないように運んで、リレーをします。

あそびかた

1 5～6人で一組のチームを何チームかつくります。ひとりひとつずつプラスチックのコップを持ち、プールの端から端まで、それぞれ均等の間隔になるように立ちます。

2 最初の子どもは、コップにいっぱいになるようにプールの水を入れます。保育者の笛の合図で、コップの水をこぼさないように次の人のところまで歩いて運び、コップの水を移します。

③ 次の人も同様にその次の人のところまで歩いて運び、コップの水を移します。

④ 最後の人までリレーをしてコップの水を移し、各チームの最後の人の水の量が一番多かったチームの勝ちです。

7月

模様を消せ！

内容 相手チームの体の模様を消し合ってあそびます。

あそびかた

1 子どもたちは、汚れてもいい下着をつけ、プール用の帽子をかぶります。

2 全員をA・Bチームに分け、各チームの模様を決めます。保育者が各チームの模様を子どもの胸と背中に指絵の具で描きます。

Aチーム	Bチーム

3 園庭に各チームの陣地を決め、陣地に水を入れたバケツを置きます。ひとりひとつずつ空の洗剤のボトルや、ケチャップやマヨネーズの容器などを持ちます。

4 保育者の笛の合図で、一斉にボトルや容器にバケツの水を入れ、相手チームの体をめがけて、水鉄砲のように水をかけ、模様を消します。

5 一定時間内で、より多く模様が残っていたチームの勝ちです。

Aチーム　Bチーム

Advice

★ 顔には水をかけないように促しましょう。

★ 裸足であそび、あそび終わったら、水やお湯で足の汚れをきれいに洗い落としましょう。

7月

七夕かざり

内容 七夕にちなんだ星のかんむりや、様々なささ飾りをつくり、飾ります。

> **準備するもの** ボール紙・板目紙など、色画用紙、折り紙、輪ゴム、
> クレヨン・ペンなど、のり、はさみ、輪ゴム、ホチキス、定規

星のかんむり の つくりかた

1 ボール紙や板目紙を星形に切り、帯の部分も切ります。
星形に黄色い折り紙を貼ります。

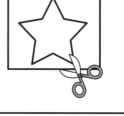

黄色い折り紙

貼る

3cm
38cm

2 帯を輪にして輪ゴム2本をつなげ、ホチキスでとめます。

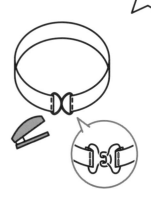

3 帯に**1**の星形を貼ります。

✿ ささ飾りの つくりかた

ちょうちん

① 色画用紙を巻いて筒状に貼ります。

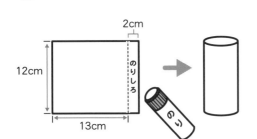

② 折り紙を半分に折り、のりしろ部分も折ります。絵のように折って開き、切り線をつけ、のりしろ部分を残して切ります。

半分、さらに半分と折っていき、切り線をつけます。

折った線まではさみで切ります。

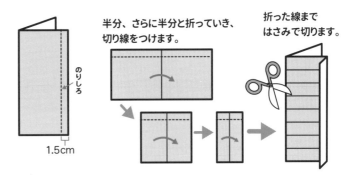

③ ①の筒に②を貼りつけ、右記のように広げて、1.5cm幅に切った2本の折り紙を上下に貼ります。

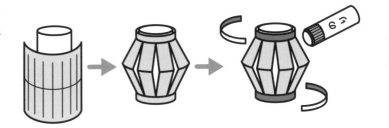

天の川

半分に折った折り紙をさらに半分に折り、交互に切って広げます。

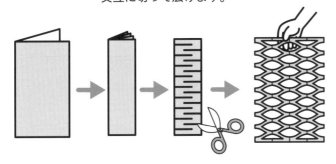

短冊

色画用紙を 1/6 に切って、子どもたちに大きくなったらなりたいものを書いてもらいます。

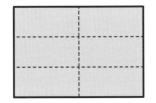

★ 折り紙をタテ8等分に切り、輪つなぎもつくります。つくったものに糸をつけて、ささの葉に飾ります。

七夕ゲーム

内容 フープを天の川に見立て、短冊カードを使ったゲームです。

あそびかた

準備するもの 色画用紙、フープ、ペン、はさみ

1 保育者はあらかじめ短冊に「たなばた」「おりひめ」
「ひこぼし」と書いたものを、子どもの人数分用意
しておきます。
3種類はそれぞれ違う色画用紙を使います。

たなばた	おりひめ	ひこぼし
＜黄＞	＜赤＞	＜青＞

2 フープを天の川に見立てて長く置きます。

3 全員が短冊カードを3枚手に持ち、フープの
まわりを自由に動きまわります。

4 保育者が「はい！」と合図したら、男女でペアを組みます。

5 ペアになったふたりは「いっせーのせ！」で、手に持っている短冊カードの中から1枚選んで出します。

6 **5**で同じカードだったら、ふたりは同じフープの中に入って座り、待ちます。
違うカードだったらあそびをくりかえし、全員がフープの中に入るまで続けます。

7月

オリジナルうちわ

内容 はじき絵や折り紙で、2種類の夏らしいうちわをつくります。

> **準備するもの** 無地のうちわ、折り紙、クレヨン、絵の具、筆、パレット・小皿など、新聞紙、のり、はさみ

つくりかた① はじき絵で花火の模様のうちわをつくります。

1 うちわにクレヨンで自由に花火の模様を描きます。

2 水色や黒の絵の具を薄く溶いて **1** の花火の上からぬり、はじき絵にします。机やテーブルが汚れないように、下に新聞紙を敷きましょう。

できあがり！

つくりかた② 折り紙で魚をつくり、海の中のイメージのうちわをつくります。

1 下記のように折り紙で魚を折ります。

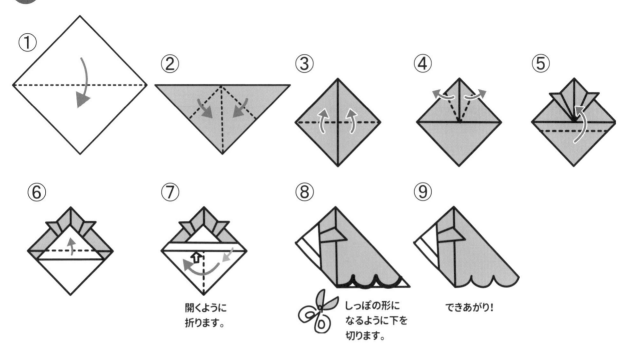

① ② ③ ④ ⑤

⑥ ⑦
開くように
折ります。

⑧
しっぽの形に
なるように下を
切ります。

⑨
できあがり!

2 うちわに魚を貼り、緑色の折り紙を切って海藻などをつくって貼ったり、クレヨンで海の色をぬって、海の中のイメージに見立てます。

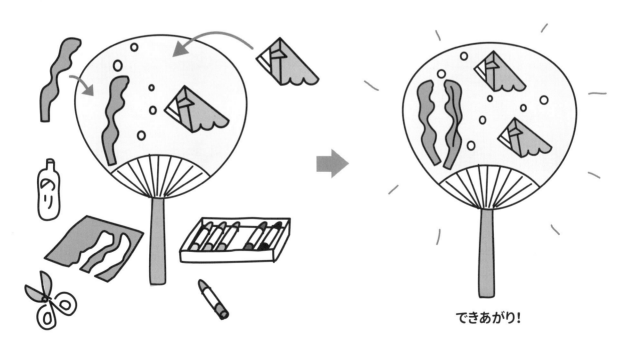

できあがり!

7月

大好き！カレーライス

内容　カレーができ上がるパネルシアターを楽しんだり、「♪カレーライスのうた」の歌あそびをしたりして、お泊まり保育の気分を楽しみます。

あそび ①　カレーづくりのパネルシアターをします。

❶
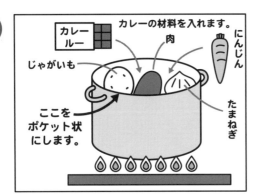
カレーの材料を入れます。
カレールー
肉
にんじん
じゃがいも
ここをポケット状にします。
たまねぎ

にんじん、じゃがいも、たまねぎ、お肉、そしてカレールー…、カレーの材料をお鍋に入れて、火にかけましょう。

❷

ふたをします。
ふたのうらにはコットン紙を貼ったカレーを貼っておきます。

ふたをして、ぐつぐつ煮ましょう。

❸
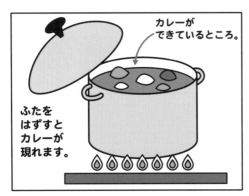
カレーができているところ。
ふたをはずすとカレーが現れます。

ふたをとったら、おいしいカレーのできあがり!

あそび ② 「♪カレーライスのうた」の歌あそびをします。

🎼 カレーライスのうた 　作詞：ともろぎゆきお／作曲：峯 陽

	1.	に	ん	じん	た	ま	ね	ぎ	じゃ	い
	2.	お	し	お	カ	レ	ー	グ	じゃ	い
	3.	ム	シャ	ムシャ	モ	グ	ル	グ	お	

が	い	も	ぶ	た	に	く	お	こ	な	べ	で	い
れ	た	ら	あ	じ	み	て	こ	そ	しょ	う	を	い
み	ず	も	ゴ	ク	ゴ	ク	そ		し	た	ら	ち

た	め	て	ぐ	つ	ぐ	つ	に	ま	しょ	う		（どうぞ）
れ	た	ら	は	い	で	き	あ	が	り			（ポーズ）
か	ら	が	も	り	も	り	わい	て	た		

※「あそびかた」は次ページに→

8月

②の
あそびかた

1番 ① ♪にんじん

両手をチョキにして
左右にふります。

② ♪たまねぎ

両手を合わせてたまねぎ
の形をつくります。

③ ♪じゃがいも

両手をグーにして
左右にふります。

④ ♪ぶたにく

人さし指で鼻を押して
ブタの真似をします。

⑤ ♪おなべで

両手でお鍋の形をつくります。

⑥ ♪いためて

片手を鍋に入れ、かき混ぜる
真似をします。

⑦ ♪ぐつぐつ にましょう

ぐつぐつ煮えているように、
両手の指を動かします。

2番 ⑧ ♪おしお

両手で塩のビンをふって、鍋
の中に入れる真似をします。

⑨ ♪カレールー

両手で四角いカレールー
の形をつくります。

⑩ ♪いれたら

カレールーを鍋に入れる
真似をします。

⑪ ♪あじみて

右手の人さし指をなめる
真似をします。

12 ♪ こしょうを いれたら

8 と同じ動きです。

13 ♪ はい できあがり

5回手をたたきます。

14 ♪ （どうぞ）

両手のひらを上に向けて、
前にさし出します。

3番 **15** ♪ ムシャムシャ モグモグ

片手を開いてお皿にし、もう片方は
スプーンを持って食べる真似をします。

16 ♪ おみずも ゴクゴク

片手でコップを持って
水を飲む真似をします。

17 ♪ そしたら

右手をグーにして上に上げます。

18 ♪ ちからが

左手もグーにして上に上げます。

19 ♪ もりもり わいてきた

両腕をグルグルと大きくまわします。

20 ♪ （ポーズ）

元気よくガッツポーズをします。

9月

お月見飾り

内容 折り紙でうさぎをつくり、粉絵の具で月を描いて、お月見の作品を完成させます。

つくりかた

準備するもの 折り紙、画用紙、黒い色画用紙、綿、黄色い粉絵の具、すすき、小皿、クレヨン・ペンなど、はさみ、のり・ボンドなど、セロハンテープ

① 下記のように折り紙を折って、うさぎをつくります。

①

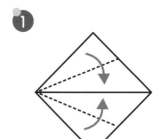

②

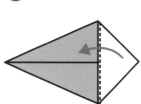

③

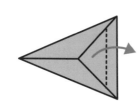

④

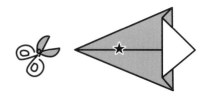

★のところまで、はさみで切ります。

⑤

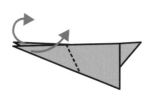

半分に折ってから、点線をそれぞれ折り上げます。

⑥

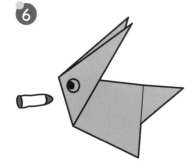

クレヨンやペンなどで目を描き、できあがり！

2 画用紙に直径１０cm〜１２cmくらいの円を描いたものに、指で黄色い粉絵の具をつけます。

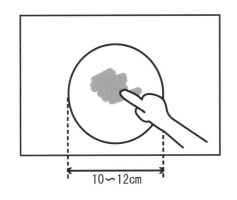

10〜12cm

3 の円をはさみで切ります。

4 黒い色画用紙に **1** のうさぎと **3** の月を貼り、綿を雲に見立てて上の方に貼ります。

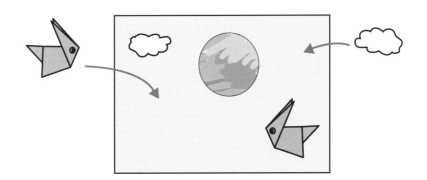

9月

5 折り紙を切ってつくった草やおだんごを貼り、空いているところにすすきをセロハンテープでつけます。

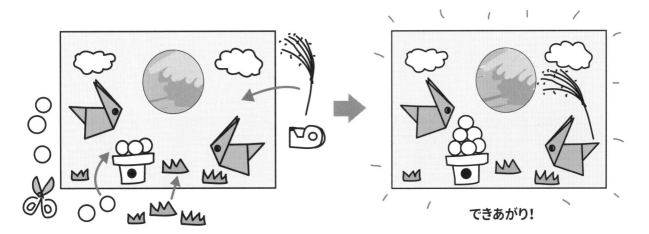

できあがり！

敬老の日 ▶毎年9月の第3月曜日が敬老の日として祝日になります。

敬老の日ペンダント

内容 紙コップでペンダントをつくって、おじいちゃんやおばあちゃんにプレゼントします。

つくりかた

準備するもの 紙コップ、折り紙、リボン、クレヨン・ペンなど、はさみ、のり、ホチキス

1 保育者はあらかじめ、紙コップに切り開く線を書いておきます。

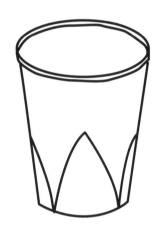

2 線にそって、はさみで切ります。

3 2で切った部分を外側にそらして、ペンダントの形にします。

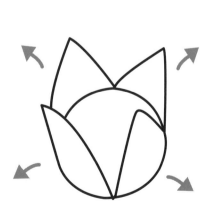

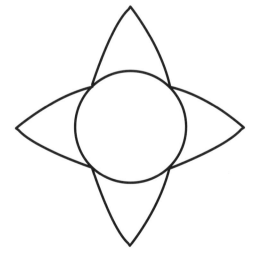

④ 折り紙を自由に切って貼ったり、クレヨンやペンなどで好きな絵を描きます。

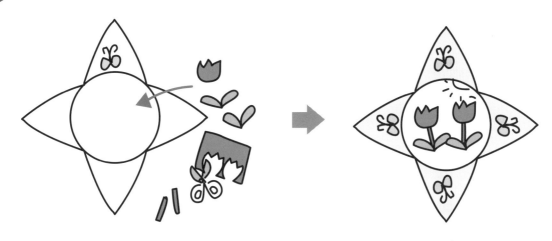

⑤ リボンをホチキスでつけます。

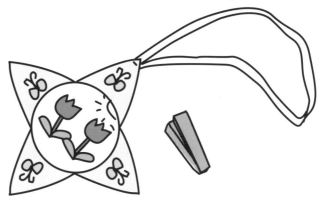

⑥ おじいちゃんやおばあちゃんの首に
かけて、プレゼントします。

9
月

手形で鶴の作品づくり

内容 子どもの手形を使って鶴の形の作品をつくり、敬老の日のプレゼントにします。孫の手の大きさを確認でき、おじいちゃんやおばあちゃんにとって、孫の成長を楽しめる作品です。

つくりかた

準備するもの 色画用紙、画用紙、リボン、大きめの皿（直径20cmくらいのもの）、絵の具、筆、パレット・小皿など、クレヨン・ペンなど、セロハンテープ、えんぴつ、はさみ、のり、新聞紙

① 皿を裏がえして色画用紙の上に置き、えんぴつで形をなぞって切り取ります。

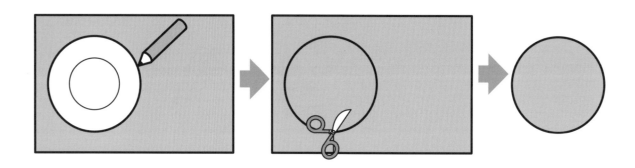

② 子どもの右手を開き、親指と、手のひらの上の部分を少しあけて白い絵の具をつけます。手のひらの上の部分と指には黒い絵の具をつけて、**①**の中心に手形をつけます。

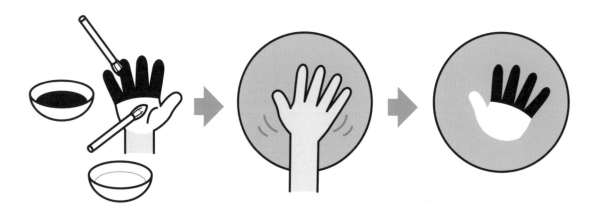

3 画用紙に直径４ｃｍくらいの円を書き、切り取ります。

2 が乾いたら、親指の部分にのりで貼り、鶴の顔にします。

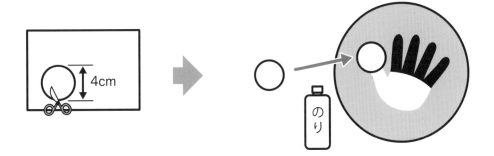

4 鶴の形になるように、クレヨンやペンなどで、口ばしや目、脚などを描いたり、頭に色をつたりします。

5 おじいちゃんやおばあちゃんへのメッセージや、自分の名前をペンで書き、鶴のまわりには好きな模様を描きます。

6 ２０〜２５ｃｍに切ったリボンを２つに軽く折り、**5** の上に裏からセロハンテープでつけます。

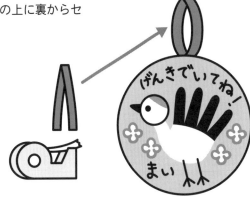

★ **2** では、保育者が子どもの手に絵の具をつけましょう。なお、汚れないように、新聞紙を下に敷いておくといいでしょう。

★ **5** は、子どもがまだ字を書けない場合は、保育者が書いてもいいでしょう。

9月

秋の実・落ち葉であそぼう！

内容 どんぐりや落ち葉、まつぼっくりなどでいろいろなあそびをして、秋の自然や植物に興味を持たせます。

★どんぐり、落ち葉、まつぼっくりなどを拾いに行き、拾ってきたものをみんなで種類ごとに分けます。

どんぐりの あそび① どんぐりそろえゲームをします。

1 10個入りの卵パックの2ヶ所にどんぐりを5個ずつ入れ、まわりをビニールテープでとめます。

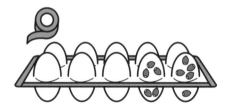

2 卵が入る場所にどんぐりが1個ずつ入るようにゆらします。

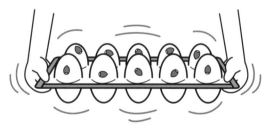

 Advice

全部入るまで挑戦したり、時間を決めて何個入るか競ったりすると、おもしろいでしょう。

どんぐりの あそび ② どんぐり転がしゲームをします。

1 巧技台などを使って、板をすべり台のように傾けて置きます。

2 どんぐりを転がしたときに横から落ちないように、板の両側に段ボール板などを貼ります。

3 牛乳パックを切って点数をつけたものを、板の下に置きます。どんぐりが入りにくい両端には、高い点数のものを置くようにします。

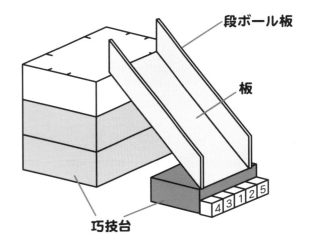

段ボール板

板

巧技台

4 どんぐりを転がして、入った牛乳パックの点数を競ってあそびます。

3点

9月

落ち葉 の
あそび ①　落ち葉のリズムあそびをします。

1 全員がひとり5枚ずつくらい落ち葉を持ち、保育者のピアノのリズムに合わせて自由に歩きまわります。

2 ピアノがストップしたところでふたり一組になり、ジャンケンをします。勝ったら相手から落ち葉を1枚もらい、また自由に歩いてあそびをくりかえします。多く落ち葉を集めた人の勝ちです。

落ち葉 の
あそび ②　落ち葉リレーをします。

1 何チームかに分かれ、落ち葉にどんぐりを乗せて、コーンをまわって戻り、次の人にバトンタッチします。途中でどんぐりが落ちたら、その場で拾って再スタートします。

2 先にゴールしたチームの勝ちです。

タペストリーの つくりかた

どんぐり、落ち葉、まつぼっくりなどを使って秋のタペストリーづくりをします。

準備するもの　秋の実・落ち葉など、画用紙、カラー段ボール紙、クレヨン・ペンなど、ボンド

❶ 画用紙に、クレヨンやペンなどで好きな絵を描きます。

❷ カラー段ボール紙のまん中に❶の画用紙の絵をボンドで貼りつけます。

❸ 絵のまわりに落ち葉や枯れ枝、どんぐり、まつぼっくりなどをボンドで貼りつけて飾ります。

★ 絵の替わりに、大きくプリントした子どもの写真などを飾ってもいいでしょう。

★ みんなの作品を壁に飾るときれいです。

9月

9月

双眼鏡をつくろう！

内容 トイレットペーパーの芯を使って、双眼鏡をつくります。秋の実や落ち葉ひろいに行くときに持っていくと、探険気分が盛り上がるでしょう。

つくりかた

準備するもの トイレットペーパーの芯（2つ）、色画用紙、カラーフィルム、すずらんテープ、セロハンテープ、両面テープ、はさみ、ボンド、のり

❶ 7cm四方くらいの大きさに切ったカラーフィルムを、2つのトイレットペーパーの芯の片側にかぶせてボンドでつけます。

7cm
くらい

7cm くらい

ボンド

❷ ❶の2つのトイレットペーパーの芯を、両面テープでくっつけます。

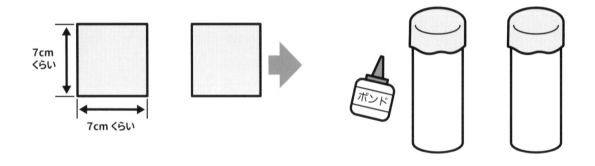

3 ７０cmくらいに切ったすずらんテープを **2** のカラーフィルムをつけていない穴の両側にセロハンテープでつけます。

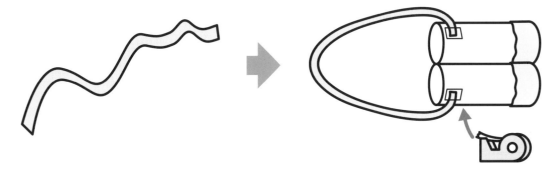

4 トイレットペーパーの芯の幅に切った、２６cmくらいの長さの色画用紙を **3** のトイレットペーパーの芯に巻きます。巻きはじめをセロハンテープでとめ、巻き終わりはのりでつけます。

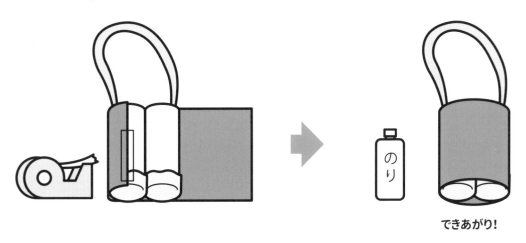

できあがり！

5 園外保育で、木の実や落ち葉ひろいに行くときに、つくった双眼鏡を首から下げて持っていきます。

★ カラーフィルムは、透明なものでも色がついているものでも、どちらでもいいでしょう。

★ トイレットペーパーの芯に巻く色画用紙は、子どもたちに好きな色を選ばせて、いろいろな色でつくると、みんなで園外保育に出かけるときに楽しいでしょう。

運動会 ▶ 10月以外に春にも行われることがあります。

山越え谷越えリレー

内容 山あり谷ありの障害物を越えていくリレーです。

あそびかた

準備するもの 跳び箱、マット　ネット、平均台、川に見立てたもの（棒にすずらんテープをつけたもの）

1 6～7人で一組のチームを2～3チームつくります。

2 70mくらいのトラックの4ヵ所に、絵のように、マットをかけた跳び箱、ネット、平均台、川に見立てたものを用意します。

3 各チームの先頭の子どもがスタートラインに立ちます。保育者の合図でスタートし、跳び箱のマットを登って越えます。

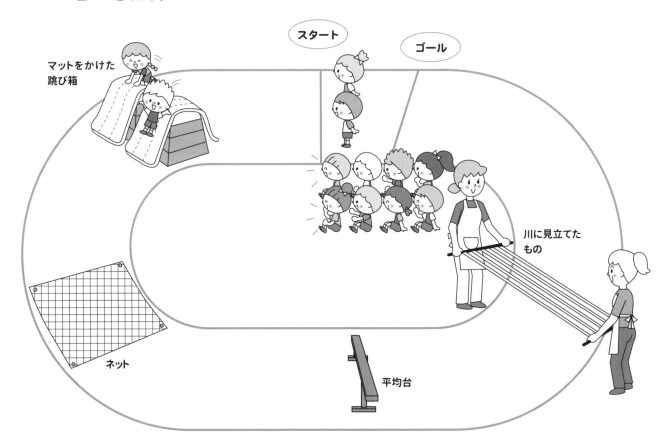

スタート
ゴール
マットをかけた跳び箱
川に見立てたもの
ネット
平均台

4 ネットは四つんばいになって、くぐり抜けます。

5 平均台は、またいで越えます。

6 川は跳び越え、スタートラインに着いたら、次の人にバトンタッチします。

7 次々にリレーをして、最初にゴールしたチームの勝ちです。

10月

★ 川は跳び越えてもまたいでも、どちらでもいいというルールにしてもいいでしょう。

★ 川を跳び越えるときに、引っかかって転ばないように注意しましょう。

運動会 ▶ 10月以外に春にも行われることがあります。

いろいろ組体操

内容 ひとり〜6人でできるいろいろな組体操をご紹介します。

あそびかた

❶ 飛行機（ひとり）
体をななめに倒して、飛行機のポーズをします。

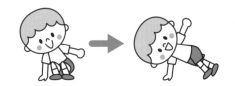

❷ しゃちほこ（ひとり）
両足の先を頭につけます。

❸ ブリッジ（ひとり）
両手足を床について、お腹を持ち上げます。

❹ すべり台（ふたり）
ふたり一組で、ひとりがもうひとりの両足を持ち上げます。

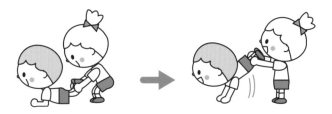

❺ 二段ベッド（ふたり）
ひとりがまたいで、互いに相手の両足首を持ちます。

6 ピラミッド①（3人）

四つんばいになったふたりの上に、ひとりが立ちます。

7 くじゃく（3人）

まん中でひとりが立ち、その左右の人が床に手をついて広げます。

8 タワー（6人）

腕を組み合ってしゃがんだ3人の腕に別の3人が両足をかけ、タワーのように立ちます。

9 ピラミッド②（6人）

四つんばいになった3人の上に、さらにふたりが四つんばいになり、その上にひとりが立ちます。

10
月

運動会 ▶ 10月以外に春にも行われることがあります。

みんなでパラバルーン

内容 運動会などで華やかに見えるパラバルーンをご紹介します。

あそびかた

1 ウェーブ

全員が両手でバルーンを持ち、手を上下に動かします。

2 メリーゴーランド

保育者がバルーンの中に入り、中央に立ちます。子どもたちは片手でバルーンを持って反時計まわりにまわります。

❸ テント①

バルーンを持ち上げて空気を入れ、空気を閉じ
こめるようにバルーンの端に外向きに座ります。

❹ テント②

❸と同様にしてバルーンに空気を閉じこめ、
バルーンの端に外向きに立ちます。

❺ アドバルーン

バルーンを持ち上げて空気を入れ、空気を閉じ
こめるように全員が中央に集まります。

❻ おまんじゅう

バルーンを持ち上げて空気を入れ、すばやくバルー
ンの中にもぐり込んで、空気を閉じこめるように、
バルーンの端に座ります。

10月

ハロウィン飾り

内容 ハロウィンに、色画用紙でかぼちゃやおばけをつくり、つるして飾ります。

つくりかた

準備するもの 色画用紙、折り紙、ひも、クレヨン・ペンなど、ボンド・のりなど、はさみ

1 茶色い色画用紙を2枚重ねて、かぼちゃの形に切ります。

2 ①を重ね合わせたときに、表裏になるように折り紙やクレヨンやペンなどで目、口、頭の部分などをつくります。

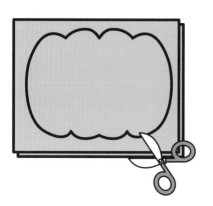

3 グレー、黄色、黒の色画用紙をそれぞれ2枚重ね、グレーはおばけの形、黄色は月の形、黒はコウモリの形にそれぞれ切ります。

重ね合わせたときに、それぞれ表裏になるように、折り紙やクレヨンやペンなどで目や口の部分などをつくります。

（グレー）

（黄色）

（黒）

4 1本のひもに、かぼちゃやおばけ、月、コウモリをそれぞれ2枚貼り合わせ、上からつるして飾ります。

両面を
貼り合わせます。

Advice

ハロウィンの意味などを子どもたちに話してあげましょう。

10月

ハロウィン　▶本来は毎年 10 月 31 日に行われる夜のお祭りです。

ハロウィンごっこ

内容　黒いポリ袋をかぶり、おばけになりきって「♪ おばけ」の歌あそびをします。

おばけ　作詞／作曲：不詳

でた一　　でた一　　おばけがでた一

でた一　　でた一　　おばけがでた一

まっくらなやみのなか　なにかがうごいてる

でた一　　でた一　　おばけがでた一

でた一　　でた一　　おばけがでた一！

準備するもの 黒いポリ袋、はさみ

黒いポリ袋に目、口、手が出るようにはさみで穴を開け、子どもたちが頭からかぶります。

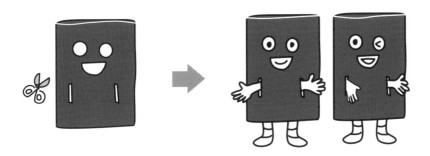

あそびかた

1 ♪でたー

おばけの手をつくり、右に
ゆらします。

2 ♪でたー

左にゆらします。

3 ♪おばけが

顔をかくします。

4 ♪でたー

両手を開いて、びっくりし
た顔をします。

< **1** 〜 **4** 2回くりかえし>

5 ♪まっくらな

手を交差します。

6 ♪やみのなか

両手を広げて上から
下に下ろします。

7 ♪なにかが
うごいてる

手のひらを合わせて、
クネクネさせます。

8 ♪でたー でたー
おばけが でたー
でたー でたー
おばけが でたー!

1〜**4**と同じ動きを2回
くりかえし、最後は思い
きりびっくりした顔をし
ます。

10
月

11月

いもほり ▶主に9月～11月の間に行われます。

やきいもグーチーパー

内容 「♪やきいもグーチーパー」の歌あそびをして、いもほりの楽しさを盛り上げます。

やきいもグーチーパー 作詞：阪田寛夫／作曲：山本直純

や きい も や きい も お なか が グー

ほ かほ かほ かほ か あ ちち の チー

た べた ら な く な る なん に も パー それ

や きい も ま と めて グー チー パー

あそびかた

1 ♪やきいも やきいも

グーにした両手を左右にふります。

2 ♪おなかが

お腹をおさえます。

3 ♪グー

グーにした両手を前に突き出します。

4 ♪ほかほか
　　ほかほか あちちの

グーとパーを交互にして、
上下反対に動かします。

5 ♪チー

チョキにした両手を前に
突き出します。

6 ♪たべたら
　　なくなる なんにも

食べる真似をします。

7 ♪パー（それ）

パーにした両手を前に
突き出します。

8 ♪やきいも まとめて

4回手をたたきます。

9 ♪グー チー パー

歌詞に合わせて、グーチョキパーにした両手を前に突き出します。

11月

11月

いもほり ▶主に9月〜11月の間に行われます。

石焼きいも

内容 「♪ 石焼きいも」の歌あそびをして、いもほりの楽しさを盛り上げます。

石焼きいも　作詞／作曲：多志賀 明

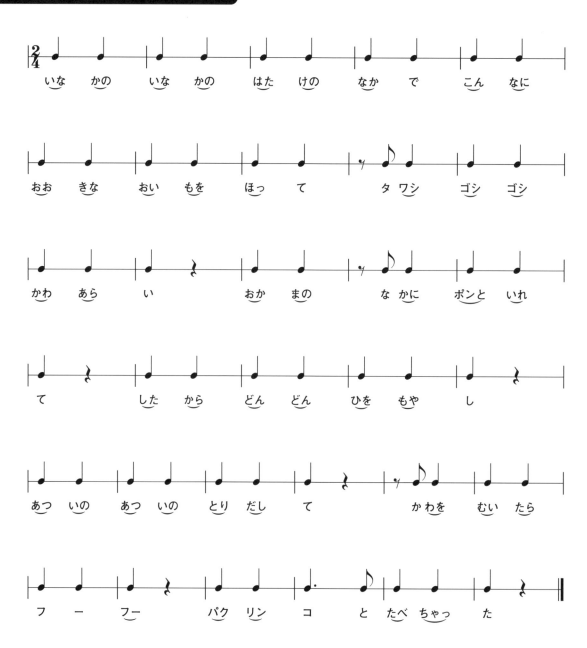

いなかの　いなかの　はたけの　なか　で　こん　なに
おお　きな　おい　もを　ほっ　て　タワシ　ゴシ　ゴシ
かわ　あら　い　おか　まの　なかに　ポンと　いれ
て　した　から　どん　どん　ひを　もや　し
あつ　いの　あつ　いの　とり　だし　て　かわを　むい　たら
フー　フー　パク　リン　コ　と　たべ　ちゃっ　た

あそびかた

① ♪いなかの
いなかの

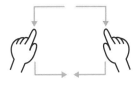

両手の人さし指で胸の前に
四角を描きます。

② ♪はたけの なかで

①と同じ動きです。

③ ♪こんなに
おおきな

弧を描きながら、両手を上から
下に下ろします。

④ ♪おいもを ほって

くわをふり下ろす
真似をします。

⑤ ♪タワシ ゴシゴシ
かわあらい

タワシでおいもを洗う
真似をします。

⑥ ♪おかまの なかに

両手でおかまの
形をつくります。

⑦ ♪ポンといれて

おかまにおいもを入れる
真似をします。

⑧ ♪したからどんどん
ひを もやし

火が燃えているように、
両手の指を動かします。

⑨ ♪あついの あついの
とりだして

熱いおいもを両手で持つ
真似をします。

⑩ ♪かわを むいたら

皮をむく真似をします。

⑪ ♪フーフー

息を吹きかける真似をします。

⑫ ♪パクリンコと
たべちゃった

おいもを食べる真似をします。

11月

11月

いもおにゲーム

内容　いもほりにちなんだ、おにごっこのゲームを楽しみます。

あそびかた

1　さつまいも、じゃがいも、さといもの形の陣地とおにの陣地をつくり、スタートラインを決めます。

2　おにをひとり決め、おにの陣地に入ります。おにはどれかひとついもの名前を言います。他の子どもたちは、スタートラインからおにが言ったいもの名前の陣地まで、つかまらないように逃げます。つかまった子どもが次のおにになります。

Advice

おには、「さといも…みたいなさつまいも!」などとフェイントをかけるとおもしろいでしょう。

12月

サンタとトナカイ

内容 歌の最後に「サンタ」か「トナカイ」のどちらかのポーズをして、保育者と競います。

あそびかた

サンタのポーズとトナカイのポーズを交互に行います。
最後の「♪なかがいい！」の「い！」のときに、保育者がサンタかトナカイのどちらかの
ポーズをします。子どもたちは、保育者と違うポーズをしなければいけません。
同じポーズだった子どもは座っていき、最後まで残った人がチャンピオンです。

サンタとトナカイ となえうた

サン タ ト ナ カイ サン タ ト ナ カイ

サン タ ト ナ カイ は な か が い い！

1 ♪サンタ

あごに手をあてて、サンタの
ひげをつくります。

2 ♪トナカイ（は）

頭の上に手をあてて、トナカイの
角をつくります。

3 ♪なかが（い）

2回手をたたきます。

4 ♪い！

サンタかトナカイの
どちらかのポーズを
します。

< **1** ～ **2** 3回くりかえし >

あそびの発展

他のポーズでもやってみましょう。　　　例「パンダとコアラ」

パンダ　コアラ

11
月

12
月

-79-

12月

クリスマス

サンタのプレゼント

内容 折り紙でサンタクロースをつくり、サンタの袋の中に、自分が
プレゼントして欲しいものを貼ります。

つくりかた

準備するもの 画用紙、色画用紙、赤い折り紙（2枚）
クレヨン・ペンなど、広告チラシ、のり、はさみ

1 赤い折り紙2枚を下記のように折って、サンタをつくります。

サンタの頭

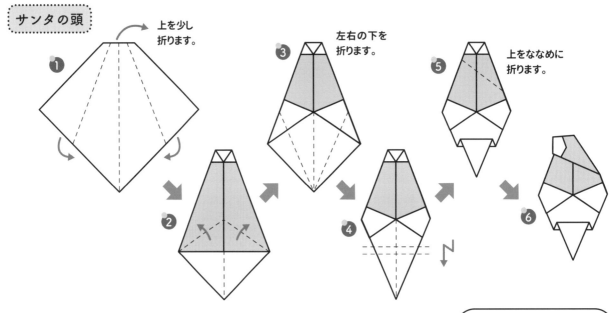

サンタの胴体

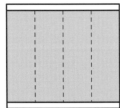

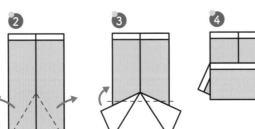

1 上下を少し折ります。

裏返して、左右を折ります。

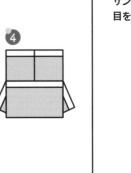

サンタの顔と胴体をつなげ、
目を描いて

できあがり！

② 色画用紙に **❶** のサンタを貼り、画用紙を切ってつくったサンタの袋をサンタの横に貼ります。

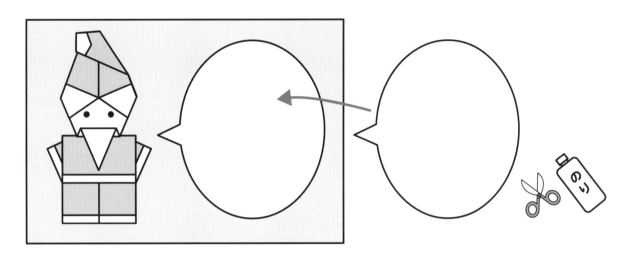

③ 広告チラシの中から、自分がプレゼントして欲しいものを切り取り、袋の中に貼ります。

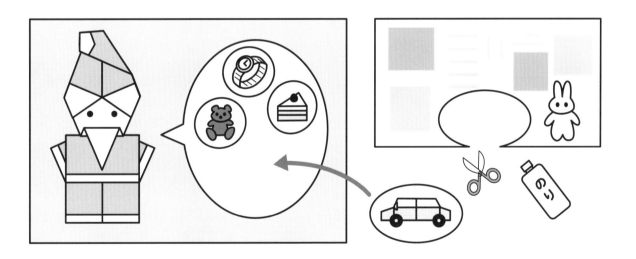

Advice

広告を切り取る替わりに、自分の欲しいものを袋の中にクレヨンなどで描いてもいいでしょう。

12
月

クリスマス

クリスマスベル

内容 紙コップを使ってつくる、鈴の音がするかわいらしいクリスマスベルです。

つくりかた

準備するもの 紙コップ、折り紙、ホイル折り紙、リボン、鈴、ボンド・のりなど、はさみ、ボールペン

1 折り紙を4等分して切り、さらに4つに折って花の形などに切り、広げます。

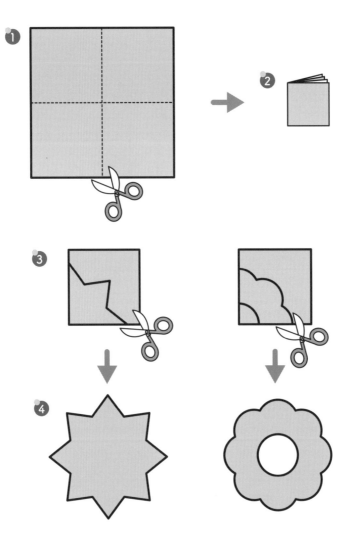

2 紙コップの側面や底の部分に、❶で切った折り紙を貼り、さらにホイル折り紙を自由に切ったものなど
を貼りつけていきます。

3 紙コップの底のまん中に、ボールペンの先などで穴を開け、20cm くらいの長さのリボンを通して、
紙コップの中で鈴に結びます。
ちょうちょう結びにした別のリボンを底の部分につけて完成です。

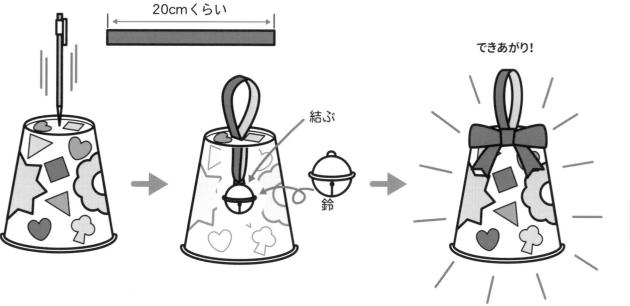

20cm くらい

結ぶ

鈴

できあがり!

12
月

Advice

★ 折り紙を貼る替わりに、クレヨンなどで自由に絵を描いてもいいでしょう。

★ 完成したクリスマスベルをみんなで鳴らして、鈴の音を楽しみましょう。

1月

お正月

おもちのうた

内容 「おもちつき」の楽しさを盛り上げる歌あそびです。

🎼 **おもちのうた** 作詞：さとう・よしみ／作曲：山崎八郎

うらがえし した コロン
へんじし た プクン

 あそびかた

1番

1 ♪おもちさん
　　ふくれんぼさん

手を重ねておもちに見立て、リズムに合わせて左右にゆらします。

2 ♪ふくれたら

重ねた手の間を少し開け、ふくらんだ様子を表します。

3 ♪たべますよ

食べる真似をします。

4 ♪こんがりこんがり
　　まだですかー

1 と同じ動きです。

5 ♪まだですよ と

手の甲を上にして、前後にゆらします。

6 ♪うらがえし コロン

手のひらを上にします。

2番

7 ♪こんがりこんがり
　　いいですかー いいですよ と

4、**5** と同じ動きです。

8 ♪へんじした プクン

両手で弧を描き、ふくらんだおもちを表します。

1月

お正月

手づくりカルタ

内容 クラス全員でカルタを手づくりし、みんなでカルタ取りをします。

つくりかた

準備するもの ボール紙・板目紙など、あいうえお表、クレヨン・ペンなど

① タテ18～20cm×ヨコ12～14cmくらいのボール紙や板目紙などでカードをつくり、2枚を1セットとして、50音分つくります。それぞれ右上に丸を書いておきます。

18～20cmくらい
12～14cmくらい

② クラス全員で、みんな違う言葉のカルタをつくります。「あいうえお表」の中から、ひとり一文字ずつ好きな文字を選びます。

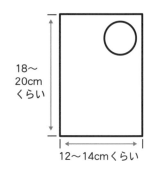

ん	わ	ら	や	ま	は	な	た	さ	か	あ
	い	り	い	み	ひ	に	ち	し	き	い
	う	る	ゆ	む	ふ	ぬ	つ	す	く	う
	え	れ	え	め	へ	ね	て	せ	け	え
	を	ろ	よ	も	ほ	の	と	そ	こ	お

③ 選んだ文字を2枚のカードの丸の中に書きます。1枚にはそれに続く文章を考えて書き、もう1枚には、その文章をイメージする絵をクレヨンやペンなどで自由に描きます。

クラス全員のカルタ（絵を描いた方）を床に円状に並べます。子どもたちをいくつかのグループに分け、
カルタを囲むようにして並び、ひとり1回カルタ取りに参加できるようにします。保育者が読み手となり、
カルタ取りをします。グループで取ったカルタの枚数を競います。

★ 50音のうち、余った文字は保育者がつくってもいいでしょう。

★ 文字が書ける年長児向けの工作あそびです。

お正月

お楽しみおみくじ

内容 折り紙でおみくじをつくり、あそびます。

つくりかた

準備するもの 折り紙、クレヨン・ペンなど

1 下記のように折り紙を折って、おみくじをつくります。

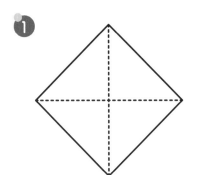

① 点線のように折りすじをつけます。

②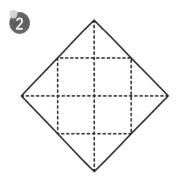

③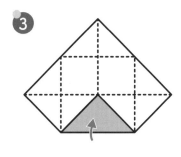
角を折ります。

④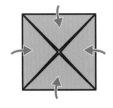
４ヶ所とも角を折ります。

⑤
裏がえして、さらに
４ヶ所の角を折ります。

⑥
できあがり!

②

① ①で折った8ヶ所に、「あたり」「はずれ」「だいきち」「しょうきち」
などの好きな文字を、折り紙の中心に向かって書きます。

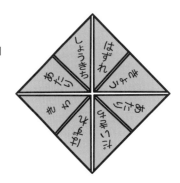

② 裏がえし、折り目のついている8ヶ所に1〜8までの数字を、折り紙の
中心に向かって書きます。
数字が見えるように、折りすじにそって立体的にして、下から両手の親
指と人差し指を入れて使います。

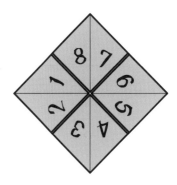

あそびかた

ふたり一組になってあそびます。ひとりがつくったおみくじに両手の親指と人差し指を入れて、中が見え
ないようにします。もうひとりは、1〜8の中で好きな数字を言います。
おみくじを持っている子は、その数字の側面を開いて、おみくじの結果を見せます。

「おみくじゲーム」として、ふたり組を交代して数回行い、「あたり」がよりたくさん出た人が勝ちとしても
いいでしょう。

1月

豆まきしよう！

内容 おにのお面と豆まきバッグをつくり、お面をつけてみんなで豆まきをします。

おにのお面の つくりかた

準備するもの 紙皿、画用紙、毛糸、平ゴム、クレヨン・ペンなど、接着剤、はさみ、ホチキス

1 紙皿の裏にクレヨンやペンなどでおにのまゆ毛や目、鼻、口、キバなどを描きます。

2 画用紙に角を描き、はさみで切り取って、ホチキスでお面にとめます。

3 毛糸を適当な大きさに丸め、頭の部分に接着剤でつけます。

4 子どもの頭に合わせて、お面に平ゴムをつけます。

平ゴム

豆まきバッグの つくりかた

準備するもの 牛乳パック、折り紙、はさみ、接着剤・のりなど、ホチキス

1 牛乳パックを底から 5cm くらいの部分と、10 × 2cm の長さのものを、下記のように切ります。

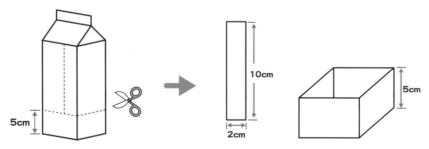

2 折り紙を手でちぎり、接着剤をつけて **1** で切った牛乳パックに貼ります。

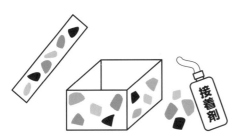

3 ホチキスで持ち手をとめます。

あそびかた 豆まきバッグに豆を入れ、「♪まめまき」の歌を歌いながら、豆まきをします。

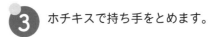

♪ まめまき 作詞／作曲：日本教育音楽協会

1.2. おにはそと　ふくはうち

ぱらっ　ぱらっ　ぱらっ　ぱらっ　まめのおと

おには　こっは　そいり　にげていか　くみ
はやく　おは　いり　ふくの

 Advice

★ 豆をまくときに、他の子どもにぶつけないように注意しましょう。

★ 豆まきが終わったら、室内に散らばった豆をみんなで拾い集めましょう。

2月

おにをたおそう

内容 トイレットペーパーの芯でおにをつくり、たおしてあそびます。

つくりかた

準備するもの トイレットペーパーの芯（6本）、折り紙、画用紙、輪ゴム、
はさみ、のり、セロハンテープ、カッター、クレヨン・ペンなど

1 トイレットペーパーの芯に、同じ大きさに切った折り紙を巻いて、のりで貼ります。これを5つつくります。

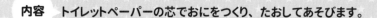

2 **1**のひとつの芯に、2cmくらいの切り込みを2ヶ所入れ、輪ゴムをかけて、内側をセロハンテープでとめます。

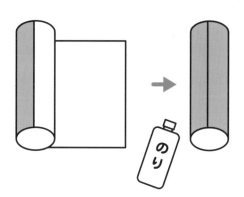

セロハンテープ

内側

輪ゴム

3 画用紙に、おにの目や口、角などを描いて切り取り、**1**の残りの芯に貼り、おにの顔にします。これを4つつくります

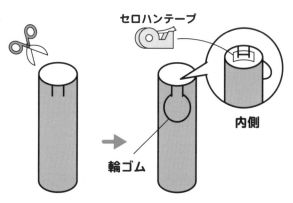

4 ③ のおにの顔に、クレヨンやペンなどで、まゆ毛や鼻を描きます。

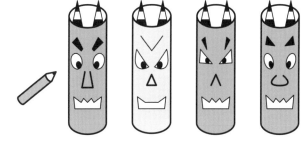

5 別のトイレットペーパーの芯を 2cm の幅にカッターで切ります。これを 5 つつくります。

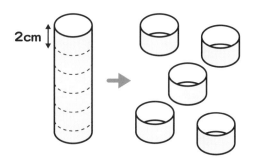

6 2cm の幅に切った折り紙を ⑤ に巻いて、のりで貼ります。
向かい合わせになる 2 ヶ所に、はさみで切り込みを入れます。

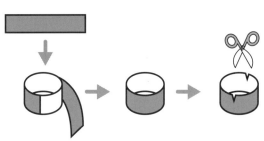

あそびかた

おには、並べて立てておきます。② の芯の輪ゴムを、⑥ の切り込みに引っかけて手前に引き、ねらったおににあてて、たおします。

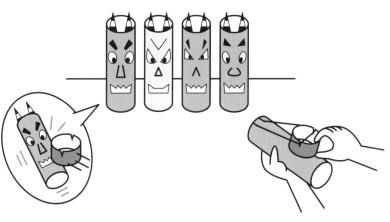

★ 一定時間で、誰が一番おにをたおせたかを競ってもおもしろいでしょう。

★ 他の人に向けて飛ばさないように注意しましょう。

2月

2月

紙はんが

内容 画用紙で原版をつくり、オリジナルのはんがを完成させます。

つくりかた

準備するもの 画用紙、のり、インク、インク皿、ローラー、バレン、新聞紙、厚い本など重しになるもの、えんぴつ・ペンなど、はさみ

1 画用紙に、動物の顔の形や胴体、目、鼻、口、手足、しっぽなどをえんぴつで描いて、切り取ります。

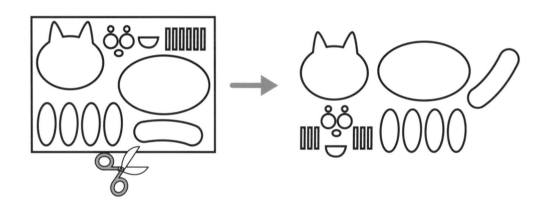

2 ①で切ったものを貼り合わせ、凹凸をつけます。これが原版になります。
原版は、つくった日は厚い本などを乗せて、一日以上おきます。

3 机に新聞紙を広げ、その上に **2** でつくって一日以上おいた原版を置きます。ローラーで原版にインク
をつけ、別の新聞紙に画用紙の形を書いたものの上に、インク面を上にして原版を置きます。

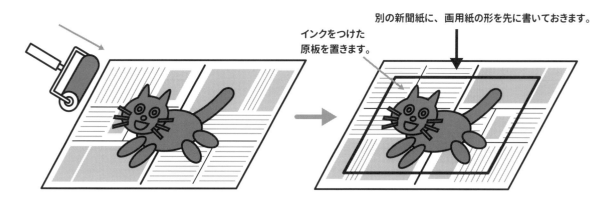

インクをつけた
原板を置きます。

別の新聞紙に、画用紙の形を先に書いておきます。

4 **3** の原版を乗せた新聞紙の上に、形を合わせて別の画用紙を置きます。バレンで上からしっかりこすり、
ゆっくり画用紙をはがします。

できあがり!

2
月

Advice

はんがの裏に、ひとまわり大きい色画用紙を貼ると、飾ったときにより
見栄えがよくなります。

作品展　▶園によって行われる時期が異なる場合があります。

昆虫づくり

内容　色画用紙で様々な昆虫をつくって、みんなで飾ります。

つくりかた

準備するもの　色画用紙、折り紙、モール、クレヨン・ペンなど、のり、はさみ、セロハンテープ

1　色画用紙を大小丸く切ります。また昆虫の胴の部分などを下記のような細長い形に切ります。

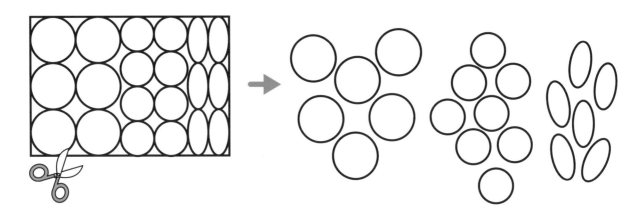

2　❶で切ったものを組み合わせて貼り、昆虫の形をつくります。折り紙やクレヨンやペンなどを使って、昆虫に顔や模様をつけます。

<例>

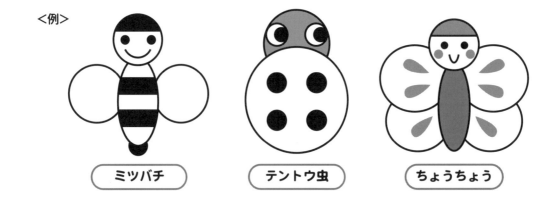

ミツバチ　　テントウ虫　　ちょうちょう

3 モールで昆虫の足や触角をつくり、裏側にセロハンテープでとめます。

4 できた昆虫は、大きな木の飾りや壁などに飾ります。

つける

色画用紙はいろいろな色を使うと、飾ったときにきれいで楽しいでしょう。

2月

作品展 ▶園によって行われる時期が異なる場合があります。

紙おりもの

内容 帯状にした色画用紙を交互に折り、楽しい模様をつくります。

つくりかた

準備するもの 色画用紙、折り紙、はさみ、セロハンテープ、のり、定規

1 色画用紙を2つに折って、幅1.5cmくらいの間隔で、上を少し残して切り込みを入れ、広げます。

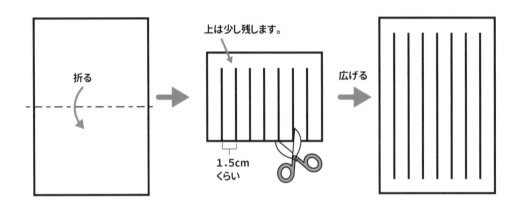

折る

上は少し残します。

広げる

1.5cm
くらい

2 1.5cm幅のテープ状に切った2色の色画用紙をたくさん用意します。長さは、**1**の色画用紙よりやや長くします。

少し長め

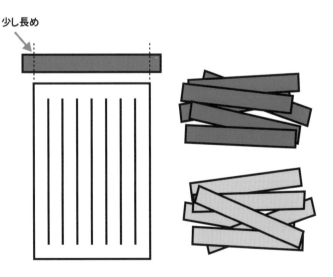

③ ❶の色画用紙に、❷のテープ状に切った２色の色画用紙を一列おきに交互にくぐらせていきます。

④ はみ出した部分は、裏に折りかえしてセロハンテープでとめます。

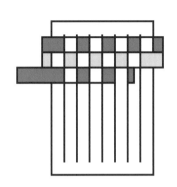
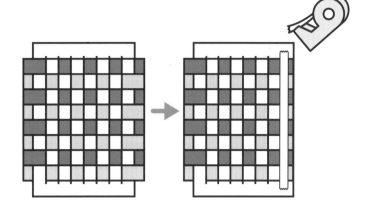

⑤ ❶の色画用紙と同じ大きさの色画用紙を２つに折って、何かの形に切ります。

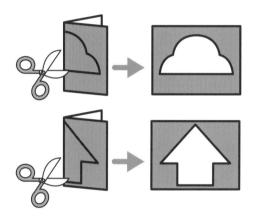

⑥ ❹の上に❺を貼りつけ、折り紙で車のタイヤや家のえんとつなどの形をつくって上から貼りつけます。

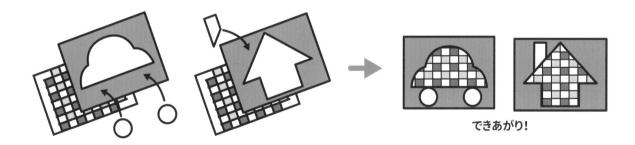

できあがり!

2
月

ベースにする色画用紙は薄い色のもの、テープ状にくぐらせる色画用紙は濃いめのもの、上から貼りつける色画用紙は濃いめのものにするなど、変化をつけると、完成したときにきれいです。

3月

ひなまつり

紙コップひな人形

内容 紙コップでおだいり様とおひな様をつくり、牛乳パックの箱にのせて飾ります。

つくりかた

準備するもの 紙コップ、折り紙、千代紙、画用紙、赤い色画用紙、牛乳パック、はさみ、のり、クレヨン・ペンなど、セロハンテープ、定規

① おだいり様とおひな様の着物の部分を、折り紙、千代紙でつくり、絵のように紙コップにかぶせます。

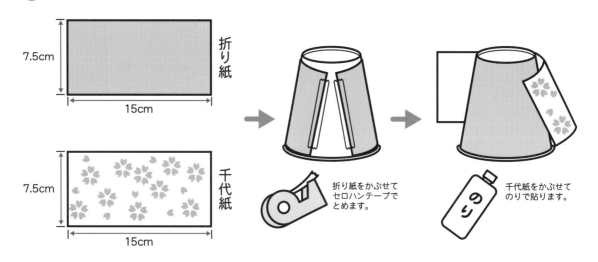

折り紙

7.5cm

15cm

千代紙

7.5cm

15cm

折り紙をかぶせてセロハンテープでとめます。

千代紙をかぶせてのりで貼ります。

② 画用紙を丸く切ってクレヨンやペンなどで顔を描き、**①**の紙コップに貼ります。

6.5cm
くらい

6.5cm
くらい

3 折り紙で小物をつくり、おだいり様、おひな様にそれぞれ貼ります。

4 牛乳パックの三角の部分を折りたたんで箱型にし、上から赤い色画用紙を貼り、さらに千代紙を貼ります。
おだいり様、おひな様をのせて完成です。

折りたたむ

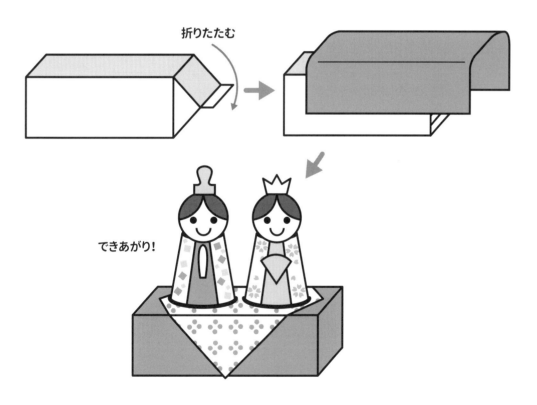

できあがり!

牛乳パックの替わりに、ふつうの箱を使ってもいいでしょう。

3月

ユラユラおひな様

内容　ユラユラゆれるおひな様をつくります。

つくりかた

準備するもの　折り紙、色画用紙、はさみ、のり、クレヨン・ペンなど

 下記のように折り紙を折って、おだいり様とおひな様をつくります。

❶
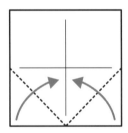

❷
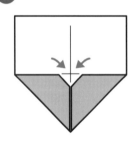

角の先を中へ折り込みます。

❸
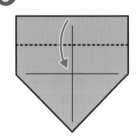

裏がえして上を折り下げます。

❹
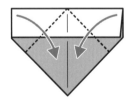

❺

下の角を折り上げます。

❻
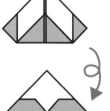

裏がえします。

できあがり!

2 **①**でつくったおだいり様とおひな様に顔を描き、折り紙で小物をつくって、それぞれに貼ります。

3 色画用紙に直径２５ｃｍくらいの円を描いて切り取り、半分に折ります。

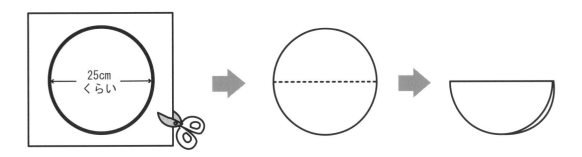

4 **③**に **②**のおだいり様とおひな様を貼り、まわりにひな段や桜の花などを折り紙でつくって貼ったり、
クレヨンやペンなどで描いて、完成させます。

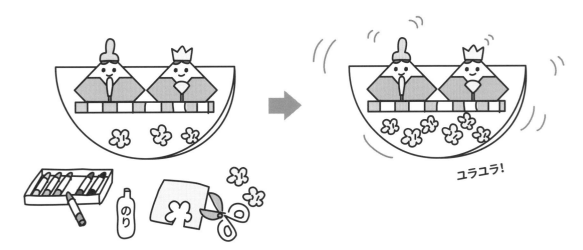

ユラユラ！

３月

3月

卒園

さよならぼくたちのほいくえん

内容 卒園にふさわしい人気の定番ソングです。卒園式では、簡単なふりをつけて歌います。
幼稚園の場合は、歌詞の「♪ほいくえん」の部分を「♪ようちえん」に替えて歌いましょう。

さよならぼくたちのほいくえん 作詞：新沢としひこ／作曲：島筒英夫

1. たくさ　ん　のまいにち　を　ここで
　　ん　のまいにち　を　ここで

す　ごしてきた　ね　　　なう　れ　しい　ことも　なか
す　ごしてきた　ね　　　なう　れ　しい　ことも　かな

んど　ないて　なき
しい　ことも　き

んど　かぜをひい
っと　わすーれな

てい

たくさ

ん　のともだちと

ここで　あ　そんできた

ね

ど
み
ず

こで　はしって
あそびも

ど
ゆ

こで　ころんで
き　だるまも

ど
ず

こで　けんかをし
っと　わすーれな

てい

(1.〜3.)さよならぼくたちの

3
月

ほ い く え ん 　 　 ぼ く た ち の あ そ ん だ に わ 　 ― 　
（ よ う ち え ん ）

さ く ら の は な ― び ら 　 ふ る こ ろ ろ は
こ の つ ぎ あ そ ― び に 　 く る こ ろ ろ は
さ く ら の は な ― び ら 　 ふ る こ ろ は

ラ ン ド セ ル の ― い ち ね ん

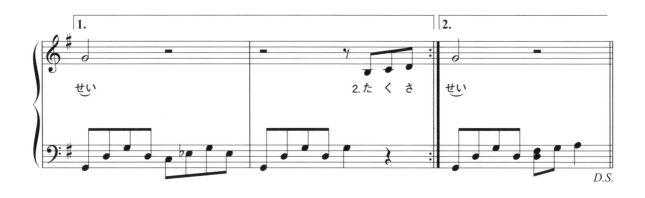

1.
せ い　　　　　　　　　　　　　　　　　　　　　2.た く さ

2.
せ い

D.S.

Coda
せ い

★子どもたちは何列かに整列して歌います。下記の歌詞の部分でふりつけをします。

1 ♪さよなら ぼくたちの

手のひらを上にして、ゆっくり両手
を上げます。

2 ♪ほいくえん（ぼく）

手のひらを上にしながら、ゆっくり
両手を前で下げます。

3 ♪たちの あそんだ にわ

となりの人と手をつないで、左右に
2回ずつゆれます。

4 ♪さくらの はなびら

1 と同じ動きです。

5 ♪ふるころは（ラン）

2 と同じ動きです。

6 ♪ドセルの

両手を脇の横にあてて、ランドセル
を背負う真似をします。

7 ♪いちねん

人さし指を出して、ゆっくり上に上げます。

8 ♪せい

7 のまま、左右にゆれます。

※ [2番]、[3番] も同じ箇所で同じ動きをします。

3
月

3月 卒園

ビリーブ

内容 卒園式でよく歌われる、子どもたちにもおうちの方にも人気の高い曲です。簡単なふりをつけて、両手を大きく使って歌いましょう。

ビリーブ　作詞／作曲：杉本竜一

1. たとえばきみが — きずついて　くじけそう　に　なっ　たときは
2. もしもだれかがき　みのそばで　なきだしそう　に　なっ　たときは

かならずぼくが　そばにいて　　さ　さえてあげるよ　そのかたを
だまってうでを　とりながら　　　いっしょにあるいて　くれるよね

せ　かい　じゅ　うの　　　き　ぼう　の　せ　て
せ　か　い　じゅ　うの　　　や　さ　し　さ　ー　で

この ち きゅう は まわって る い い
こ の ち きゅう を つつみ た い

ま ー みらいの ー ー とびら を ー あける と き ら
ま ー すなおな ー ー きもち に ー なれる な ら

か な こ しが みれ ー や や く い る と し み さ ー が い お
あ こ が れ ー や い と し さ ー が お

つ の ひか ー ー よろこ びに ー かわる だ ー ろう
お ぞらに ー ー はじけ て ー ひかる だ ー ろう

3月

アイ　　ビリーブ　イン　フュー　チャー　　し　ん　じ　て　る
アイ　　ビリーブ　イン　フュー　チャー　　し　ん　じ　て

る　　　　い　ま　　ーみらいの　　ーーとびら　を　　ーあける

と　　き　　　アイ　　ビリーブ　イン　フュー　　チャー

し　ん　じ　て　る

★子どもたちは何列かに整列して歌います。下記の歌詞の部分でふりつけをします。

1 ♪せかい

右手を胸にあてます。

2 ♪じゅうの

右手を前に差し出します。

3 ♪きぼう

左手を胸にあてます。

4 ♪のせて

左手を前に差し出します。

5 ♪このちきゅうは まわってる（い）

となりの人と手をつなぎ、両手をゆらします。

6 ♪ま みらいの〜 よろこびに かわるだろう

となりの人と手をつないだまま、左右にゆれます。

7 ♪アイビリーブ イン

両手を交差して胸にあてます。

8 ♪フューチャー

両手を広げて上に上げます。

9 ♪しんじてる

となりの人と上で手をつなぎ、左右にゆれます。

※ 2番 も同じ箇所で同じ動きをします。

3月

3月

卒園

世界中のこどもたちが

内容 子どもたちに大人気の曲です。足踏みをしながら簡単なふりをつけて、元気よく歌いましょう。

世界中のこどもたちが　作詞：新沢としひこ／作曲：中川ひろたか

1. せ か い

| じゅう | の こ ど も た ち が | い ち ど に | わ らっ た |
| じゅう | の こ ど も た ち が | い ち ど に | な ー い た |

| ら | そ ら も | わ ら う だ ろ う | ラ ラ ラ |
| ら | そ ら も | な ー く だ ろ う | ラ ラ ラ |

1. うみも わら うだろう　　　　2.せかい

うみも なく だろ　　　　う　　　ひろ げ

よう ぼくらの ゆめ をとどけ よう ぼくらの

こ え をさかせ よう ぼくらの は な をせかい

に にじをかけ よう　　　せかい じゅう のこ ども た

3月

ち が　　いちど に　　うたったら　　そらも

う　　たう だ　ろ　う　　ラララ うみも うた う だ

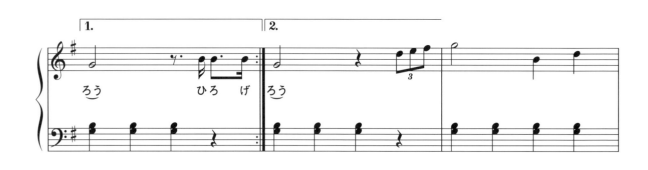

ろう　　　ひろ げ ろう

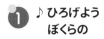
ふりつけの やりかた

★子どもたちは何列かに整列して、行進をするように、両手をふってその場で足踏みをしながら歌います。
下記の歌詞の部分でふりつけをします。

① ♪ ひろげよう
　　ぼくらの

両手を前に差し出します。

② ♪ ゆめを

両手を交差して胸にあてます。

③ ♪ とどけよう
　　ぼくらの

① と同じ動きです。

④ ♪ こえを

両手を口の横にあてます。

⑤ ♪ さかせよう
　　ぼくらの

① と同じ動きです。

⑥ ♪ はなを

両手で花の形を作ります。

⑦ ♪ せかいに にじを

両手を広げて、顔の前で交差します。

⑧ ♪ かけよう

となりの人と手をつないで、上に上げます。

※**この後は、また両手をふって
その場で足踏みをしながら歌います。**

※ 2番 も同じ箇所で同じ動きをします。

お誕生日会

たんじょうびポーズ！

内容 誕生児がどのポーズをするかをあてるあそびです。

あそびかた

1 誕生日の嬉しさを表現する３つのポーズをみんなで考え、覚えておきます。

ガッツ

ピース

バンザイ

2 誕生児（誕生月の子ども）がひとり前に出ます。
保育者は、「たんたんたんたんたんじょうび！」と言い、最後の「び！」のときに、みんなそれぞれ３つの中から好きなポーズをします。

3 誕生児と同じポーズだったら残り、違うポーズだったら負けで座ります。
あそびをくりかえし、最後まで残った人の勝ちです。

📅 **お誕生日会**

たたたた たんじょうび

内容 「たたたた … たんじょうび！」と言ったときだけバンザイをするゲームあそびです。

あそびかた

1 保育者が「たたたた …」の後に「たんじょうび！」と言ったときだけ、子どもたちは「バンザイ！」と言いながらバンザイをします。それ以外の言葉を言ったときは、バンザイをしてはいけません。

たたたた…
たんじょうび！

バンザイ！ バンザイ！ バンザイ！

2 保育者は、「たたたた … タンバリン！」「たたたた … タンポポ！」「たたたた … たんす！」などと、わざとまぎらわしい言葉を織り交ぜ、子どもたちはそれにつられて間違えないようにします。

たたたた…
タンポポ！

しまった！ あっ

あそびの**発展**

慣れてきたら、たとえば「たたたた … タンバリン！」のときには手をたたくなど、ルールを追加して、あそびを複雑にしてもいいでしょう。また、保育者の替わりに子どもの中からリーダーを決めて、言わせてもいいでしょう。

通年

通年
行事

お誕生日会

プレゼントはどこだ？

内容 誰がプレゼントを持っているかを誕生児があてるゲームです。

ロンドン橋（替え歌バージョン）　作詞：高田三九三／イギリス民謡

〈替え歌〉（プレ　ゼント　は　ど　こ　だ

1 誕生児以外の子どもたちは輪になっていすに座り、誕生児はその中心に立ちます。

2 何かプレゼントをひとつ用意し、誕生児にわからないように、輪の中の子どものひとりが持ちます。
輪の子どもたちは「♪ロンドン橋」の替え歌を歌いながら、手を後ろにまわし、誕生児にわからないようにとなりの人にプレゼントを渡していきます。

\\ プレゼントはどこだ～ どこだ～ //

\\ ざんねん！！ //

3 歌を歌い終わったところで誰がプレゼントを持っているかを、誕生児があてます。

通年

上ばきさがし

内容　自分の上ばきを探して、親のところに戻ります。

あそびかた

1　クラス全員の親が輪になって座ります。

2　保育者は、子どもの上ばきを片足ずつ集め、輪のまん中に置きます。

3　子どもは親のひざに座ります。

4　保育者の合図で子どもは自分の上ばきを探しに行き、見つけたらはいて、親のひざに戻ります。

5 次は、子どもの両足の上ばきを集めて輪のまん中に置き、 ❸ ❹ と同様に行います。

上ばきに書かれている自分の名前が読めない子どもには、上ばきに好きなマークを描いておくといいでしょう。

通年

通年行事

参観日・お楽しみ会

ビンゴゲーム

内容 親子でビンゴカードに好きな数字を入れて、みんなでビンゴゲーム大会をします。

準備するもの ビンゴカード、数字カード、メダル、えんぴつなど

1 保育者はあらかじめ、ビンゴカード（正方形の紙に２５個のマス目を書き、まん中のマス目に「Free」と入れます）、１〜３０までの数字を書いた数字カード、賞用のメダル（手づくりのものでOKです）、えんぴつなどを用意しておきます。

2 親子に１枚ビンゴカードを渡します。

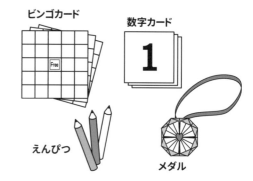

ビンゴカード　数字カード
えんぴつ　メダル

上級編の あそびかた

1 親子で１〜３０までのうちの数字をビンゴカードのマス目に自由に書きます。なお、書かない数字が６個あります。

2 保育者が１〜３０までの数字カードのうち１枚引いて、出た数字を言います。
言われた数字があったら、カードの中の数字に○をつけます。

3 通常のルールでビンゴを行い、○をつけていきます。

4 リーチになった親子は「リーチ！」と言い、ビンゴになった親子は「ビンゴ！」と言います。

＜例＞

13	1	12	27	7
9	21	18	6	23
16	2	Free	26	17
5	29	10	24	3
25	15	20	30	28

5 ビンゴになった子どもに、保育者がメダルをかけます。

⑬	1	12	27	7
9	㉑	18	6	23
16	2	Free	26	17
5	29	10	㉔	3
25	15	20	30	㉘

 ビンゴ！

中級編 の あそびかた

ビンゴカードに書く数字と保育者が引く数字を1〜24までとし、外れる数字がないようにします。

＜例＞

1	14	11	7	17
15	2	16	3	18
4	13	Free	19	10
21	8	5	20	6
9	22	12	23	24

初級編 の あそびかた

マス目が9個のビンゴカードをつくり、書く数字と保育者が引く数字を1〜8までとします。

＜例＞

1	5	2
6	Free	8
3	7	4

番外編 の あそびかた

マス目が9個のビンゴカードとマス目に貼れる大きさの8種類のシールを親子に渡します。親子は8枚のシールをカードの好きなところに貼ります。
保育者はシールカードを引いて、通常のルールのようにビンゴを行います。

＜例＞

 通年

参観日・お楽しみ会

新聞紙ゲーム

内容 新聞紙を使って親子が楽しめるゲームです。

あそびかた

① お父さん、またはお母さんと子どもが、ふたり一組になり、一組に1枚の新聞紙を配り、ふたりで新聞紙の上に乗ります。

② 親または子どもと保育者がいっせいにジャンケンをします。

ジャンケン ポン!

③ ジャンケンで負けた場合、またはあいこの場合は、新聞紙を2つ折りにします。このとき折り方は自由ですが、必ず半分に折ります。ジャンケンに勝った場合のみ新聞紙は折らなくていいです。

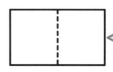 折り方は必ず半分! または   ダメ!

④ ジャンケンを続け、最後まで新聞紙に乗り続けられた親子がチャンピオンです。

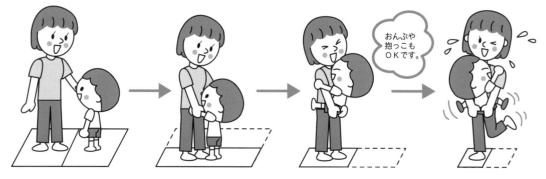

おんぶや抱っこもOKです。

参観日・お楽しみ会

親子フォークダンス

内容 参観日や親子の集いのしめに、みんなで楽しめるフォークダンスです。

あそびかた ★親子全員で一重の輪になり、P.127 の「♪にんげんっていいな」の歌に合わせて
フォークダンスをします。

1番

1 ♪くまのこ みていた かくれんぼ

全員が手をつなぎ、手を上げながら円の中心に向かいます。

2 ♪おしりをだしたこ いっとうしょう

手を下げながら、後ろへ戻ります。

3 ♪ゆうやけこやけで またあした またあした

両手を腰にあて、右足のかかとを前方の地面について戻し、もう一度ついて戻します。
左足も同様に行います。リズムに合わせてこれをくり返します。

通年

4 ♪いいないいな にんげんっていいな

親子が向かい合って両手をゆらしながら、ゆれます。

5 ♪おいしいおやつに ほかほかごはん
　こどものかえりを まってるだろな

2回手をたたき、2回両手を合わせます。
リズムに合わせてこれをくり返します。

6 ♪ぼくもかえろ
　おうちへかえろ

両手をつないでその場でまわります。

7 ♪でんでん
　でんぐりがえって

グーにした両手をまわします。

8 ♪バイバイバイ

両手でバイバイを3回します。

※ 2番 も 1番 と同様に行います。

あそびの
発展

★「♪いいないいな にんげんっていいな」のところは、親が子どもを抱きしめたり、高い高いをしたりなど
　親子で触れ合ってもいいでしょう。
★「♪バイバイバイ」の後、親子のどちらかがずれて、他の親と子であそびをくり返してもいいでしょう。

にんげんっていいな　作詞：山口あかり／作曲：小林亜星

1.くまのこみていた　かくれんぼ　おしりをだしたこ　いっとう しょう
2.もぐらがみていた　うんどうかい　びりっこげんきだ　いっとう しょう

ゆうやけこやけで　またあした　またあした

いいな　いいな　にん げんって いいな

おいしいおやつに　ほかほかごはん　こどものかえりを　まってるだろな
みんなでなかよく　ポチャポチャおふろ　あったかいふとんで　ねむるんだろな

ぼくもかえ ろ　おうちへかえろ　でん でん でんぐりがえって　バイ バイ バイ

通年

-127-

●編著者

井上 明美 （いのうえ あけみ）

国立音楽大学教育音楽学科幼児教育専攻卒業。卒業後は、㈱ベネッセコーポレーション勤務。在籍中は、しまじろうのキャラクターでおなじみの『こどもちゃれんじ』の編集に創刊時より携わり、音楽コーナーを確立する。退職後は、音楽プロデューサー・編集者として、音楽ビデオ、CD、CDジャケット、書籍、月刊誌、教材など、さまざまな媒体の企画制作、編集に携わる。2000年に制作会社 アディインターナショナルを設立。主な業務は、教育・音楽・英語系の企画編集。同社代表取締役。
http://www.ady.co.jp
同時に、アディミュージックスクールを主宰する。http://www.ady.co.jp/music-school
著書に、『歌と名作で楽しむ スケッチブックでシアターあそび』、『話題作・名作で楽しむ劇あそび特選集』、『ヒット曲＆人気曲でかんたんリトミック』（いずれも自由現代社）、『心と脳を育む、親子のふれあい音楽あそびシリーズ』＜リズムあそび、音感あそび、音まね・声まねあそび、楽器づくり、音のゲームあそび＞（ヤマハミュージックエンタテインメント）他、多数。

●情報提供

小林由利子　安達直美　野村容子　斉藤和美　酒井由美子　山本綾の

●編集協力

アディインターナショナル／大門久美子　伊藤雅一

●イラスト作成

太中トシヤ　古川哲也

年間行事に合わせて使える保育のあそびネタ集 ——————— 定価（本体1400円＋税）

編著者————井上明美（いのうえあけみ）
表紙デザイン——オングラフィクス
発行日————2024年2月28日
編集人————真崎利夫
発行人————竹村欣治
発売元————株式会社自由現代社
　　　　　〒171-0033　東京都豊島区高田3-10-10-5F
　　　　　TEL03-5291-6221/FAX03-5291-2886
　　　　　振替口座 00110-5-45925

ホームページ——http://www.j-gendai.co.jp

JASRACの承認に依り許諾証紙張付免除	JASRAC　出 2400469-401 （許諾番号の対象は、当該出版物中、当協会が許諾することのできる出版物に限られます。）

ISBN978-4-7982-2652-1

●本書で使用した楽曲は、内容・主旨に合わせたアレンジによって、原曲と異なる又は省略されている箇所がある場合がございます。予めご了承ください。
●無断転載、複製は固くお断りします。●万一、乱丁・落丁の際はお取り替え致します。